申告書で確認する
税務調査対策

法人税テッパン

濱田康宏
岡野　訓
内藤忠大【著】
白井一馬
村木慎吾

中央経済社

はじめに

　申告書からみた税務調査対策シリーズの1冊として「法人税の鉄則」が発刊されたのは2014年である。発刊時には一部読者から高評価をいただきながらも，おおよそ10年が経過している。

　この度，本シリーズの改訂のお話をいただき，大阪勉強会グループのメンバーで改訂作業を進めていった。中小企業実務に携わる税理士や税理士事務所職員の傍らに置く書籍として，自分たちが使える実務目線の1冊になるようにとの意識は，これまで自分たちが出版してきた書籍と同様である。

　ただ，改訂作業の中で悩ましい点もあった。それは，当初の執筆段階では，会計事務所入所3年目くらいまでの職員が勉強に使える本という裏コンセプトがあったが，もう少し踏み込まないと実務上使えない書籍になるのではとの葛藤が生じたからである。

　近年，課税庁は，書面審理を重視しており，税務調査に際しては，審理からのチェック事項一覧を渡されることもある（局所管調査の場合）。このような実務上の要請を考えると，10年前と比べると，本書の執筆ももう少しだけレベルを上げるべきではないかとの意見があった。これももっともな話だと思う。ただし，あくまでも中小企業目線で，現場の税理士が納得いくレベルでの注意事項を盛り込むというのが，基本方針になるだろうと考え，改訂を進めていった。

　また，刊行時期との関係で，申告書様式は令和6年4月1日以後開始事業年度分を用いたものの，一部国税庁資料は令和6年分が公表されて

いないことから，令和5年分を収録しているものもある。ただし，実務上は困らないレベルの補正を加えているつもりである。

　10年ぶりの改訂で，著者たち自身もいろいろと悩みながら作業を進めていった部分もある。また，シリーズ名も変更され，書名も衣替えする中で，コラムもいろいろと入れてみた。もしこのような改訂の方向性が受け入れられれば大変に嬉しく思う。

　最後に，本書籍の改訂では，中央経済社の奥田氏に大変お世話になった。奥田氏は，「法人税の純資産」の発刊当時からずっとお世話になっている，信頼できる編集者であり，一緒に仕事をできることをメンバー一同喜んでいる。諸事情でスケジュールが変更になることも多々あり，奥田氏の忍耐には心から感謝している。願わくば，今後も一緒に仕事ができますように。

　令和6年8月

著者を代表して

濱田　康宏

目次

1	営業収益	2
2	収益認識会計基準	6
3	仕入・棚卸資産	16
4	受取配当金	20
5	みなし配当	26
6	租税公課・還付税金・所得税額控除	30
7	受贈益・寄附金	36
8	貸倒損失・貸倒引当金	40
9	役員給与	46
10	役員退職給与	54
11	使用人給与・賞与・退職金	58
12	出向・転籍	62
13	不正行為・罰金等・損害賠償金	66
14	接待交際費	70
15	福利厚生費	74
16	広告宣伝費・諸会費	78

17	保険料	84
18	短期前払費用	90
19	有価証券	96
20	売買目的有価証券	100
21	デリバティブ	104
22	暗号資産・NFT	108
23	外貨建取引	112
24	解散・清算	118
25	圧縮記帳	122
26	リース取引	128
27	減価償却費・修繕費・消耗品費	132
28	特別償却・税額控除	148
29	中小企業向け賃上げ促進税制	156
30	補助金・助成金・支援金	174
31	土地・借地権	180
32	繰延資産	184
33	青色欠損金	192
34	特例欠損金	196

35	留保金課税	200
36	単体グループ法人税制	204
37	自己株式	214
38	控除対象外消費税額等	218
39	インボイス経過措置期間の消費税の取扱い	220
40	事業年度	224
41	確定申告・中間申告	226
42	青色申告・帳簿書類	232
43	電子帳簿保存法（帳簿・書類・スキャナ保存）	234
44	電子取引	242
45	組合税制	248
46	公益法人税制	254
47	信託税制	260
48	組織再編税制・行為計算否認	264
49	グループ通算	272
50	国際税務	276

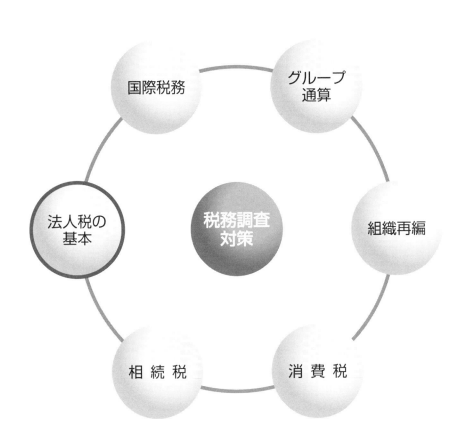

1 営業収益

1 制度のあらまし

　中小企業への通常の税務調査では，まず営業収益から調査することが一般的であり，初日から最も時間を費やして調査する項目です。特に売上の除外は税負担の軽減を図る典型的な脱税行為であり，金額も多額になることが多いことから重点的に調査することは当然といえます。

　また，脱税行為を行っていないとしても，売上の計上時期の誤りによる，いわゆる「期ズレ」の問題は，税務調査に常に登場する項目です。会社にとって最も取引量の多いのが商品の販売，サービスの提供ですので，計上時期についても微妙な解釈の違いやミスが生じやすいところでもあります。

　少額の売上時期の計上ミスについては，計上時期の問題ですのでそれほど神経質になる必要はありませんが，意図的，あるいは多額の計上時期の誤りがあった場合には重加算税の対象になることもあり，十分な注意が必要です。

　法人税では，基本通達において原則的な収益の取扱いと，実務を考慮した柔軟な取扱いが認められています（法基通第2章第1節）。

2 解説とチェックポイント

2−1 売上除外は最大の税務リスク

　売上の除外は，税務調査においては多額になりやすく，いわゆる脱税と認定されることになります。そのため，金額が少額であったとしても重加算税の対象になります。

経営者による売上除外だけでなく、経理担当者等による売上代金の横領も多く、法人税の課税関係には注意が必要です。最近の傾向として、使用人による横領であっても内部統制の不備が要因であるとして法人に対して重加算税が賦課される事例が増えています。

また、取引先の処理を調査し、計上額の実在性を確認する反面調査が日常的に行われているのも営業収益に関する調査です。

> チェックポイント！

- ■ 証憑類のチェックを経理担当者からの回答のみで行っていませんか。
  - ⇒ 社長独自の手書きノートの存在から売上の計上もれや計上時期の誤りが発覚することがあります。
- ■ 営業担当者による売上代金の使い込み（横領）が発覚した場合の課税関係を理解していますか。
  - ⇒ 横領者が売上を会社に報告せず売上代金を横領している場合は、売上（売掛金）の計上とともに、同額の横領損失を計上することになりますが、同時に営業担当者への損害賠償請求権が益金と認識されます。
    横領した個人からの回収が見込めない場合でも、損害賠償請求権は直ちに損失計上することはできず、もしすぐに損失計上していると、結果として修正申告が必要になります。この場合、損害賠償請求権の益金計上時期は、実際に支払いを受けた日とすることはできません。法基通2−1−43の適用はないことに注意してください。会社内部の者は「他の者」に該当しないからです。
- ■ 従業員等がリベートを受領していることが発覚した場合の所得の帰属について検討しましたか。
  - ⇒ 従業員の権限外による行為であり、さらに会社が解雇規定を整備する等、不正行為を防止する努力をしていると認定できる場合は、従業員個人の所得と認定できる余地があります。逆にそうでない場合は会社が実質的に受領しているとして、会社による収益除外が認定され、さらに重加算税が賦課されるリスクがあります。
- ■ 意図的に売上計上時期を翌期にずらしていませんか。
  - ⇒ 納品書や請求書を偽造して売上計上時期を遅らせるような申告は重加算税の対象になります。

2－2　営業収益の帰属時期

　売上の計上時期の問題は、適正な期間損益計算が行われているか否かの問題です。仮に20日の締め切りの会社の場合は21日から決算日までのいわゆる帳端分の売上の計上は、必ず調査の対象になります。

　法人税では、基本通達において原則的な収益の取扱いと、実務を考慮した柔軟な扱いが認められています。商品販売においては、引渡し日の属する事業年度が原則になりますが（法基通2-1-2）、出荷、積込み、検収、使用収益可能日、検針を基準とすることが認められています（法基通2-1-2）。請負に係る収益は、原則として完成引渡基準により計上します（法基通2-1-21の7）。

> **チェックポイント！**
>
> ■　取引状況について、受注から代金回収までの事務作業と書類の流れを把握していますか。
> 　⇒　受注台帳、納品書、請求書、売掛台帳などの帳票の事務作業の流れを把握します。製造業や建設業では作業日報から売上計上時期を指摘されることもあります。
> ■　イレギュラーな帳票を確認しましたか。
> 　⇒　たとえば、得意先の都合など何らかの理由により商品の発送時期が早まるなどした場合に営業担当から経理への連絡ミスにより売上の計上時期が遅れることが考えられます。
> ■　採用している売上の計上基準を継続適用していますか。
> 　⇒　たとえば、利益調整の目的で売上の計上時期を遅らせるために出荷基準から検収基準に変更することは認められません。

3 記載例

<売上の計上もれがあった場合の別表調整>

売上計上もれ　5,500,000円（うち消費税　500,000円）

別表四

区分		総額	処分	
			保留	社外流出
		①	②	③
加算	売上計上もれ	5,500,000	5,500,000	
減算	仮受消費税認定損	500,000	500,000	

（仮受消費税を減算していますか。）

別表五(一)

区分	期首現在利益積立金額	当期の増減		差引翌期首現在利益積立金額 ①-②+③
		減	増	
	①	②	③	④
売掛金			5,500,000	5,500,000
未払消費税			△500,000	△500,000

（貸借対照表の未払消費税と別表五(一)の合計額が消費税の納付額となります。）

消費税の確定申告書

納付税額	26欄	7,500,000

貸借対照表

《負債の部》
未払消費税　7,000,000

2　収益認識会計基準

1　制度のあらまし

　収益認識会計基準は，企業会計基準委員会により公表された収益認識時期に関する会計基準で，令和3年4月1日以後開始する事業年度から適用されています。上場企業およびその子会社等が適用対象ですが，制度導入に伴い，法人税法は平成30年度税制改正で条文対応を行うとともに，法人税基本通達の見直しを行い，一部につき，会計基準への譲歩的対応を行いました。

　ただし，貸倒れや返品の見積もり等，法人税法と企業会計との考え方との間には，依然として乖離が存在しているため，申告調整に注意が必要です。

　なお，一般の中小企業では，収益認識会計基準の採用は強制されていません。

2　解説とチェックポイント

2－1　収益の計上の単位の通則 (法基通2-1-1)

　資産の販売等に係る収益の額は，原則，個々の契約ごとに計上するものの，下記①②の例外に該当する場合，それぞれ定められたとおりに区分した単位ごとにその収益の額を計上することができることとされています。

　① 同一の相手方およびこれとの間に支配関係その他これに準ずる関係のある者と同時期に締結した複数の契約について，当該複数の契約において約束した資産の販売等を組み合わせて初めて単一の履行

義務となる場合……当該複数の契約による資産の販売等の組合せ
② 一の契約の中に複数の履行義務が含まれている場合……それぞれの履行義務に係る資産の販売等

　粗く言えば，契約書が契約内容を適切に反映していない場合には，引き直しが行われ，複数の契約が1つにまとめられたり，1つの契約が複数の契約に分割されると考えるとわかりやすいでしょう。実態に応じて，契約書の形式的な区分が引き直しされるイメージです。

チェックポイント！

■　機械設備等の販売をしたことに伴いその据付工事を行った場合，その据付工事が相当の規模のものであり，かつ，契約その他に基づいて機械設備等の販売に係る対価の額とその据付工事に係る対価の額とを合理的に区分することができるときは，その区分した単位ごとにその収益の額を計上することができることを理解していますか（法基通2－1－1の2）。
⇒　販売契約＋据付工事契約であっても，金額が一体で契約されていれば，販売引渡時に据付工事分の収益も計上しなくてはならない不合理が生じます。金額が区分できれば，収益認識時期も区分することができます。
　　なお，企業会計の要請どおりに販売時に収益認識せず据付引渡時に全額収益計上したければ，そもそも販売契約によらず全てを請負契約とすることが必要です。契約内容と会計処理次第では，申告調整が必要になります。

■　1個の建設工事等でもその建設工事等の一部が完成し，その完成した部分を引き渡した都度その割合に応じて工事代金を収入する旨の特約または慣習がある場合，全部が完成しないときにおいても，引き渡した建設工事等の量または完成した部分に区分した単位ごとにその収益の額を計上することを理解していますか（法基通2－1－1の4）。
⇒　建物修繕工事の1階部分200万円，2階部分300万円と工事内容に応じて金額が区分され，それぞれに検収が行われ，それに応じた引渡しが行われる契約内容であれば，建物全体工事が終わった段階で500万円の益金計上する処理は許されません。これは部分完成基準

と呼ばれ，要件に当てはまれば強制適用ですので，会計処理次第では，申告調整が必要になります。

■ 設計，作業の指揮監督，技術指導その他の技術役務の提供について次に掲げるような事実がある場合には，2－1－1にかかわらず，次の期間または作業に係る部分に区分した単位ごとにその収益の額を計上することを理解していますか（法基通2－1－1の5）。

- 報酬の額が現地に派遣する技術者等の数および滞在期間の日数等により算定され，かつ，一定の期間ごとにその金額を確定させて支払を受けることとなっている場合
- たとえば基本設計に係る報酬の額と部分設計に係る報酬の額が区分されている場合のように，報酬の額が作業の段階ごとに区分され，かつ，それぞれの段階の作業が完了する都度その金額を確定させて支払を受けることとなっている場合

⇒ 技術役務の提供に係る報酬の額が，期間または作業段階ごとに区分され，しかもそれぞれの期間または作業が完了する都度その部分の報酬の額を確定させて支払を受けることとなっている場合には，部分完成基準の考え方が適用されます。こちらも強制適用である点に注意が必要です。

2－2　ポイント等を付与した場合の収益の計上の単位・商品引換券等の発行に係る収益の帰属の時期・非行使部分に係る収益の帰属の時期

　資産の販売等に伴い自己発行ポイント等を相手方に付与する場合，ポイント等の価値部分について会計上は前受金等で処理されていても，税務上は益金計上が原則です。しかし，法基通2－1－1の7に列挙する4つ（①～④）の全てに該当すれば，継続適用を条件として例外的に，その自己発行ポイント等について当初の資産の販売等とは別に，将来の取引に係る収入の一部または全部の前受けとすることが可能です（法基通2－1－1の7）。

①　付与した自己発行ポイント等が当初資産の販売等の契約を締結しなければ相手方が受け取れない重要な権利を与えるものであること

② 付与した自己発行ポイント等が発行年度ごとに区分して管理されていること
③ 法人がその付与した自己発行ポイント等に関する権利につきその有効期限を経過したこと，規約その他の契約で定める違反事項に相手方が抵触したことその他の当該法人の責に帰さないやむを得ない事情があること以外の理由により一方的に失わせることができないことが規約その他の契約で明らかにされていること
④ 次のイまたはロのいずれかの要件を満たすこと
  イ 付与した自己発行ポイント等の呈示があった場合に値引き等をする金額が明らかにされており，かつ，将来の資産の販売等に際して，たとえ1ポイントまたは1枚のクーポンの呈示があっても値引き等をすることとされていること
  ロ その付与した自己発行ポイント等が当該法人以外の者が運営するポイント等または自ら運営する他の自己発行ポイント等で，イに該当するものと所定の交換比率により交換できることとされていること

また，商品引換券等を発行して対価の支払を受ける場合，その対価の額は，原則としてその商品の引渡し等に応じてその商品の引渡し等のあった日の属する事業年度の益金の額に算入されます。しかし，その商品引換券等の発行の日から10年が経過した日（同日前に次の①から③の事実が生じた場合には，当該事実が生じた日）の属する事業年度終了の時において商品の引渡し等を完了していない商品引換券等があれば，その商品引換券等に係る対価の額はその事業年度の益金の額に算入されます（法基通2-1-39）。
① 法人が発行した商品引換券等をその発行に係る事業年度ごとに区分して管理しないことまたは管理しなくなったこと。

② その商品引換券等の有効期限が到来すること。
③ 法人が継続して収益計上を行うこととしている基準に達したこと。

　この考え方は，自己発行ポイント等の付与に係る収益の帰属の時期についても同様とされています（法基通2－1－39の3）。

　また，商品引換券等を発行するとともにその対価の支払を受ける場合において，その商品引換券等に係る権利のうち相手方が行使しないと見込まれる部分の金額，いわゆる非行使部分があるときは，その非行使部分の益金算入額を一定の算式で計算することができます。つまり，商品引換券等の発行の日から10年が経過した日等の属する事業年度までの各事業年度において，非行使部分に係る対価の額に権利行使割合を乗じて得た金額から既に益金の額に算入された金額を控除した残額を益金とする方法など，合理的な方法によることが可能とされています（法基通2－1－39の2）。

> **チェックポイント！**
>
> ■ 誰の分か，いつの分かの残高管理がされていなければ，前受処理はできず，益金計上が必要になることを理解していますか。
> ⇒ どの分かがわからなければ，10年経過時に益金とすべき金額が把握できません。誰の分・いつの分かの残高管理が必要である点は，従業員等からの預り金処理などを行う場合にも要注意です。

2－3　返金不要の支払の帰属の時期

　資産の販売等に係る取引を開始するに際して，相手方から中途解約のいかんにかかわらず取引の開始当初から返金が不要な支払を受ける場合には，原則としてその取引の開始の日の属する事業年度の益金の額に算入されます。しかし，その返金不要な支払が，契約の特定期間における

役務の提供ごとに，それと具体的な対応関係をもって発生する対価の前受けと認められる場合，その支払をその役務の提供の対価として継続して当該特定期間の経過に応じてその収益の額を益金の額に算入しているときは，例外として認められることとされています（法基通2-1-40の2）。

> **チェックポイント！**
>
> ■ スポーツクラブの会員契約に際して支払を受ける入会金は原則として，一時の益金計上が必要であることを理解していますか。
> ⇒ 例外的に，役務提供内容と期間対応関係を具体的に明確化して，前受処理が認められる場合もあります。入会金というだけでは前受処理できません。

2－4　変動対価（収益控除項目と貸倒れ）

資産の販売等に係る契約の対価について，値引き等の事実により変動する可能性がある部分の金額を変動対価と称します。変動対価がある場合，収益認識会計基準では，その部分を会計処理に可能な限り取り込もうとします。しかし，税務では見積りによる認識を許さないため，原則的には，この取り込みを許しません。

ただし，会計処理あるいは申告調整が行われていることを前提に，以下の全てを満たすときは，例外的に，取り込みを可能としています（法基通2-1-1の11）。

① 値引き等の事実の内容および当該値引き等の事実が生ずることにより契約の対価の額から減額もしくは増額をする可能性のある金額またはその金額の算定基準が客観的であり，当該契約もしくは法人の取引慣行もしくは公表した方針等により相手方に明らかにされていることまたは当該事業年度終了の日において内部的に決定されていること。

② 過去における実績を基礎とする等合理的な方法のうち法人が継続して適用している方法により①の減額もしくは増額をする可能性または算定基準の基礎数値が見積もられ、その見積りに基づき収益の額を減額し、または増額することとなる変動対価が算定されていること。
③ ①を明らかにする書類および②の算定の根拠となる書類が保存されていること。

> チェックポイント！

- 値引等の従来からの収益控除項目について、明確な根拠事実のないまま、監査人の指導に従って決算書の売上高から直接控除した場合、申告調整が必要であることを理解していますか。
  ⇒ 貸倒損失を十分な回収可能性検討を行わずに保守的に経理処理して収益から控除している場合も同様です。
- 通知を行っていない売上割戻しを未払計上していませんか。
  ⇒ 合理的な算定基準があり、相手方で同時期に仕入割戻しとして益金計上されていれば認められます。関係会社間で処理が揃っていない場合がないか確認すべきです。
- 旧返品調整引当金相当額について、売上から直接減額していませんか。
  ⇒ 旧返品調整引当金相当額は変動対価ではありませんので、税務上は認められず、申告調整の対象となります。

2−5　役務の提供に係る収益の帰属の時期の原則・履行義務が一定の期間にわたり充足されるものに係る収益の額の算定の通則・請負に係る収益の帰属の時期・知的財産のライセンスの供与に係る収益の帰属の時期・知的財産のライセンスの供与に係る売上高等に基づく使用料に係る収益の帰属の時期・工業所有権等の使用料の帰属の時期

役務の提供に係る収益の額は、その役務の提供が、履行義務が一定の

期間にわたり充足されるものに該当する場合には、役務の提供の期間において履行義務が充足されていくそれぞれの日の属する事業年度の益金の額に算入し、履行義務が一時点で充足されるものに該当する場合には、引渡し等の日の属する事業年度の益金の額に算入することを留意的に明らかにしています（法基通2－1－21の2および2－1－21の3）。

また、履行義務が一定の期間にわたり充足されるものに係るその履行に着手した日の属する事業年度から引渡し等の日の属する事業年度の前事業年度までの各事業年度の所得の金額の計算上益金の額に算入する収益の額は、提供した役務につき通常得べき対価の額に相当する金額に当該各事業年度終了の時における履行義務の充足に係る進捗度を乗じて計算した金額から、その各事業年度前の各事業年度の収益の額とされた金額を控除した金額とすることを明らかにしています（法基通2－1－21の5）。

請負による収益の額は、原則として引渡し等の日の属する事業年度の益金の額に算入しますが、当該請負が履行義務が一定の期間にわたり充足されるものに該当する場合において、その履行義務が充足されていくそれぞれの日の属する事業年度において進捗度に応じて算定される額を益金の額に算入しているときは、これを認めることを明らかにしています（法基通2－1－21の7）。

知的財産のライセンスの供与に係る収益の額については、次の①②に掲げる知的財産のライセンスの性質に応じ、それぞれ次に定める取引に該当するものとすることを明らかにしています（法基通2－1－30）。

① ライセンス期間にわたり存在する法人の知的財産にアクセスする権利
　……履行義務が一定の期間にわたり充足されるもの
② ライセンスが供与される時点で存在する法人の知的財産を使用する権利

……履行義務が一時点で充足されるもの

　知的財産のライセンスの供与に対して受け取る売上高または使用量に基づく使用料が知的財産のライセンスのみに関連している場合または当該使用料において知的財産のライセンスが主な項目である場合には，次の①②に掲げる日のうちいずれか遅い日の属する事業年度において当該使用料についての収益の額を益金の額に算入することを明らかにしています（法基通2-1-30の4）。

　①　知的財産のライセンスに関連して相手方が売上高を計上する日または相手方が知的財産のライセンスを使用する日
　②　当該使用料に係る役務の全部または一部が完了する日

　法基通2-1-21の2および2-1-21の3ならびに2-1-30の4にかかわらず，工業所有権等またはノウハウを他の者に使用させたことにより支払を受ける使用料の額について，法人が継続して契約によりその使用料の額の支払を受けることとなっている日において収益計上を行っている場合には，当該支払を受けることとなっている日に益金認識することになります（法基通2-1-30の5）。

> チェックポイント！
>
> ■　収益認識会計基準導入により，自社の収益計上時期は従前とは変わる場合を認識していますか。
> ⇒　建設業に限らず工事進行基準的処理が会計上要求される場合が生じているため，上場企業グループでは，税務以前の問題として点検が必要です。

Column 1　大阪勉強会の成り立ち

　大阪勉強会は，2010年4月に大阪南森町駅そばの白井税理士事務所にてスタートしました。元々は，2012年に予定されていた，グループ法人税制を勉強しようという話でした。

　当時，関根稔先生が主宰するtaxMLに所属していたメンバーが，自発的に集まって勉強をしようという話がありました。関根先生からも，若手がどんどん集まって勉強しなきゃという話をいただいていたので，濱田が大阪の白井一馬先生に声を掛けて勉強会をしないかという話をしたところ，トントン拍子に話がまとまりました。

　白井先生に話をする前に，岡野訓先生と濱田が話をした際に，岡野先生から，勉強会やるなら参加するので，是非という言葉もいただいていました。岡野先生は事務所が熊本ですが，そんなこともものともしないバイタリティが当時からありました。

　そして，白井先生が，以前の職場で一緒だった，やはり大阪の村木慎吾先生にも声をかけてくれ，2つ返事で参加が決まりました。当初の大阪勉強会メンバーは，この4人が中心になっていましたが，その後，豊橋の内藤忠大先生が参加したいという話があって，今の5人体制が固まりました。

　グループ法人税制を勉強しようという話は，その後，税務弘報で3回に分けての連載記事につながっていき，この際に，本書の編集でもお世話になっているOさんと知り合うことができたわけです。

　Oさんと知り合うことができた我々は，その後いろいろあって，『法人税の純資産』の出版にこぎつけましたが，これもOさんと出会えたおかげだと，日々感謝しています。

（濱田康宏）

3 仕入・棚卸資産

1 制度のあらまし

売上原価は，期末の棚卸資産の評価額によって金額が決まるため，税務調査においても重点的な調査対象になります。

2 解説とチェックポイント

2-1 売上原価

売上原価は，通常，次の算式で計算します。

> 売上原価 ＝ 期首棚卸高 ＋ 当期仕入高 － 期末棚卸高

そのため，売上原価算定のためには，期末棚卸資産の評価が重要になります。また，期末棚卸資産の計算の基礎となるのが棚卸資産の取得価額です。購入した場合は，購入代価に付随費用と販売の用に供する費用を加算します。製造した棚卸資産の場合は，製造原価に販売の用に供する費用を加算します。また，それ以外の方法により取得したような場合には取得時の通常価額に消費，販売の用に供する費用を加算した金額になります（法令32）。

> **チェックポイント！**
>
> ■ 売上原価が確定していない場合は，見積計上を行っていますか。
> ⇒ 計上した売上げに対応する原価が確定していない場合は適正に見積もり，損金に算入する必要があります（法基通2-2-1）。
> ■ 前記の見積計上した売上原価と翌期に確定した金額の差額は翌期に

計上していますか。
⇒　差額は確定した年度に計上します。見積金額が高すぎる場合は調査において問題になるリスクがあります。

2－2　棚卸資産

　棚卸資産とは、棚卸をすべき資産で、商品・製品、半製品、仕掛品（半成工事を含みます）原材料、貯蔵中の消耗品、をいいます（法法2二十、法令10）。評価方法には個別法、先入先出法、総平均法、移動平均法、最終仕入原価法、売価還元法があります（法令28）。なお、平成21年度税制改正によって、後入先出法と単純平均法が廃止されています。法人は評価方法を税務署長に届け出る必要があり、事業の種類ごとに、かつ、資産の区分ごとに評価方法を選定して届け出ることになっています。新設の法人は確定申告書の提出期限までに届出を行う必要があります。低下法を採用することもできますが、切放法については平成23年度税制改正で廃止されているので洗替え低価法のみとなります（法法29）。評価方法を選定しなかったときは最終仕入原価法により評価することになっています（法令31）。

チェックポイント！

- ■　付随費用を取得価額に含めていますか。
  ⇒　引取運賃、運送保険料、購入手数料、長期にわたる保管費用などは、取得価額に含め、期末棚卸資産に配分する必要があります。なお、購入代価の3％以下の少額付随費用や、短期の保管のための保険料は取得価額に算入する必要はありません（法基通5-1-1）。
- ■　決算期末直前の仕入れや、翌期首の売上に対応する棚卸資産が計上されているか確認しましたか。
  ⇒　棚卸資産の計上もれは、いわゆる期ズレの問題ですが、金額が意図的かつ多額である場合は重加算税の対象になります。
- ■　預け在庫や期末時点で未着の在庫の計上もれはありませんか。

⇒ 倉庫保管料がある場合は，預け在庫の有無が調査対象となります。
■ 輸入諸掛を期末棚卸資産に配分していますか。
⇒ 輸入に際しての関税，運賃，保険料等の輸入諸掛については，比較的多額になるため付随費用の処理は重要です。配賦計算については，会計処理上，「輸入諸掛」勘定を設けて期末に按分計算する実務も認められています。

図表3－1　輸入諸掛の配分例

決算修正前のB/S
輸入諸掛　　400

$$輸入諸掛\ 400 \times \frac{輸入品の期末棚卸高\ 600}{当期輸入高\ 1,600} = 150$$

期末棚卸資産　＝　750　＝　600　＋　150

期末B/S
期末棚卸資産　　750

■ 建設業の場合は未成工事支出金を適正に計上していますか。
⇒ 材料費，労務費，外注費，経費のうち未成工事に対応するものを未成工事支出金に計上する必要があります。
■ 原価率が前期と対比して大きく増加していませんか。
⇒ 増加がある場合はその原因を把握しておく必要があります。原因が説明できない場合には棚卸資産の計上もれが疑われます。
■ 売上の計上漏れなどの修正がある場合には売上原価も修正していますか。
⇒ 売上と原価は個別対応となるので原価も修正申告処理が必要です。

2－3　評価損

　商品などの棚卸資産については，取得原価で評価することが原則とされ，評価損の計上は認められません（法法33）。しかし，商品価値が下落して回復が見込めない場合には評価損の計上を認めています。棚卸資産が災害などにより著しく損傷した場合や，物理的な損傷がなくても，流行の推移など経済的な環境が変わったことによって，棚卸資産の価値が著しく減少した場合には評価損の計上が認められます（法法33②，法

令68①一)。季節商品として売れ残った婦人服や，技術変化により経済的に陳腐化したスマートフォンなどの通信端末について，今後価額の回復が見込めない場合が該当するでしょう（法基通9－1－4）。

> **チェックポイント！**
>
> ■ 他社との価格競争により値下げせざるを得ないといった事情で評価損を計上していませんか。
> ⇒ 単にデフレや過剰生産，販売価格の値下げによって棚卸資産の時価が下落した場合は，低価法を採用していない限り，評価損の計上は認められません（法基通9－1－6）。

3 記載例

貸借対照表		損益計算書	
棚卸資産	8,000	棚卸資産評価損	2,000

評価損 2,000は，監査法人の指摘で計上した長期滞留資産に対するものだが，法人税法上，評価損が認められる著しい陳腐化には該当しないため，別表で調整する。

別表四

区分		総額	処分	
			保留	社外流出
		①	②	③
加算	棚卸資産評価損否認	2,000	2,000	

別表五(一)

区分	期首現在利益積立金額	当期の増減		差引翌期首現在利益積立金額 ①－②＋③
		減	増	
	①	②	③	④
棚卸資産			2,000	2,000

> 翌期に販売等した場合には，減算処理を失念しない。

4 受取配当金

1 制度のあらまし

　現行の配当金に対する課税については，法人は個人の集合体であるという法人擬制説の考え方が採られ，法人税は所得税の前払いとされます。

　この考え方によれば，法人が支払いを受ける剰余金の配当等に課税すると，1つの所得について複数回の法人税が課税されることになり，これを個人段階で排除するのは技術的に困難であることから，法人が受け取った剰余金の配当等は益金不算入とされます（内国法人間の二重課税の排除が目的）。

　ただし，法人の所得のすべてが個人に分配されるのは何時になるか不明であり，また，法人が投資目的で株式を所有することもあることから，企業支配目的の株式等に係るもの以外の株式等に係る配当等については，益金不算入額に制限を設けています。

2 解説とチェックポイント

2−1 受取配当等の範囲

　受取配当等の益金不算入の対象となるものは，次のとおりです（法法23①）。

　① 剰余金の配当もしくは利益の配当または剰余金の分配の額
　② 投資信託及び投資法人に関する法律137条の金銭の分配の額
　③ 資産の流動化に関する法律115条1項に規定する金銭の分配の額

> **チェックポイント！**
>
> ■ 株式の譲渡先法人において自己株式の取得となる株式の譲渡をした場合には，常にみなし配当が生ずると誤解していませんか。
>   ⇒ みなし配当が生じる自己株式の取得事由は限定されており（法法24①五，法令23③），証券市場における購入による取得などではみなし配当は生じません。
> ■ 不動産投資信託の収益の分配を益金不算入の対象としていませんか。
>   ⇒ このほか，次のものは益金不算入の対象となりません。
>   • 公社債の利子
>   • 追加型公社債投資信託（MMF）等の公社債投資信託の収益の分配
>   • オープン投資信託の特別分配金
>   • 外国子会社からの剰余金の配当

2—2 短期保有株式に係る配当等の適用除外

配当の基準日の直前に株式を取得し，配当の権利確定後に株式を譲渡することによる税負担の回避を防止するため，基準日以前1月以内に取得し，かつ，基準日後2月以内に譲渡した株式に係る配当等については，益金不算入制度の対象外としています（法法23②，法令20）。

> **チェックポイント！**
>
> ■ 基準日後2月以内に譲渡している株式がないか確認していますか。
>   ⇒ 譲渡していた場合，同一銘柄の株式の取得日を確認し，短期保有株式に該当しないか検討が必要です。

2—3 益金不算入とされる金額の計算
(1) 益金不算入額

益金不算入とされる金額は，内国法人とその配当等を行う法人との関係により，完全子法人株式等に係る配当等，関連法人株式等に係る配

等，その他の株式等に係る配当等，または非支配目的株式等に係る配当等に区分して計算します（法法23①）。

具体的には，次の①から④の合計額が益金不算入額となります。

① 完全子法人株式等に係る配当等の額
② 関連法人株式等に係る配当等の額 − 関連法人株式等に係る負債利子額
③ その他の株式等に係る配当等の額×50％
④ 非支配目的株式等に係る配当等の額×20％

チェックポイント！

■ 期中で100％取得した完全子法人の株式等は，完全子法人株式等に該当しない可能性があることを理解していますか。
 ⇒ 完全子法人株式等とは，原則として配当等の額の計算期間の初日から末日まで継続して内国法人との間に完全支配関係があった他の内国法人（公益法人等および人格のない社団等を除きます）の株式等をいいます（法法23⑤，法令22の2①②）。
■ 期末直前に取得して100％になった子会社の株式等は，完全子法人株式等に該当しないだけでなく，関連法人株式等にも該当しないことがあることを理解していますか。
 ⇒ P.24の株式等の区分を参照してください。
■ 名義株に係る剰余金の配当等を益金不算入の対象外にしていませんか。
 ⇒ 名義株であっても対象になります。ただし，名義書換失念株に係る剰余金の配当等は，原則として対象にはなりません（法基通3-1-1・3-1-2）。
■ 協同組合等の事業分量配当金，外国法人から受ける配当を益金不算入としていませんか。
 ⇒ 支払法人側で損金となる配当や，日本の法人税が課税されない法人からの配当は，対象外です。なお，外国子会社から受ける配当等については一定額が益金不算入とされます（法法23・23の2）。

(2) 株式等に係る負債利子額の計算

関連法人株式等に係る益金不算入額を計算する場合における負債利子額の計算は，次の場合の区分に応じて計算した金額となります（法令19①②）。

① その事業年度において受け取る関連法人株式等の配当等の額の合計額の4％相当額＜その事業年度において支払う利子等の額の合計額の10％相当額の場合

　その事業年度において受け取る関連法人株式等の配当等の額の合計額の4％相当額

② その事業年度において受け取る関連法人株式等の配当等の額の合計額の4％相当額≧その事業年度において支払う利子等の額の合計額の10％相当額の場合

　その事業年度に支払う利子等の額の合計額の10％相当額×配当等の額÷その事業年度において受ける関連法人株式等の配当等の額の合計額

(3) 負債利子額

益金不算入額を計算する場合の負債利子には，経済的な性質が利子に準ずるものが含まれますが，利子と同様の性質があると考えられるものであっても該当しないものがあります（法令19②③，法基通3-1-3～3-1-3の7）。

> **チェックポイント！**
>
> ■ 手形売却損を負債利子に加えていますか。
> ⇒ その事業年度において支払う手形の割引料は，負債利子に該当します。また，割賦利息相当額やリース料の利息相当額で取得価額に含めていないものも，負債利子に該当します。
> ■ 信用保証料・売上割引料を負債利子に含めていませんか。
> ⇒ 信用保証料や売上割引料は，負債利子に該当しません。

株式等の区分
　完全子法人株式等とは，配当等の額の計算期間の初日からその計算期間の末日まで継続して内国法人とその配当等の額を支払う他の内国法人との間に完全支配関係がある場合の，その他の内国法人の株式または出資をいいます（法法23⑤，法令22の2）。
　関連法人株式等とは，内国法人が他の内国法人の発行済株式または出資のうちその他の内国法人の総数または総額（自己の株式または出資を除きます）の3分の1を超える数または金額の株式等を，その内国法人がその他の内国法人から受ける配当等の額の計算期間の初日からその計算期間の末日まで引き続き有している場合におけるその株式等のことをいいます（法法23④，法令22）。
　非支配目的株式等とは，内国法人が，他の内国法人の発行済株式等の総数または総額（自己の株式または出資を除きます）の5％以下に相当する数または金額の株式等を，その内国法人がその他の内国法人から受ける配当等の額の支払に係る基準日等において有する場合における株式等をいいます（法法23⑥，法令22の3①）。
　その他株式等とは，完全子法人株式等，関連法人株式等及び被支配目的株式等のいずれにも該当しない株式等をいいます（法法23①）。

4 受取配当金

図表4—1 受取配当等の益金不算入額の計算に関する明細書

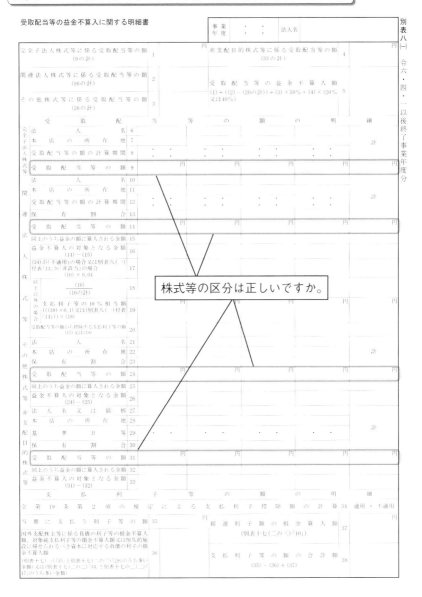

5 みなし配当

1 制度のあらまし

　法制上，剰余金の配当等ではありませんが，法人の課税済みの利益が株主法人に帰属することは剰余金の配当等を受けたのと同様の経済的効果があります。そこで，法人（公益法人等および人格のない社団等を除きます）の株主等である法人がみなし配当事由（非適格の組織再編成や発行法人に対する自己株式の譲渡等）により法人から金銭等の交付を受けた場合には，交付金銭等の額の合計額のうち，その交付をした法人の資本金等の額のうちその交付の基因となった法人の株式または出資に対応する部分の金額を超える金額は，剰余金の配当等の額とみなされます（法法24①）。

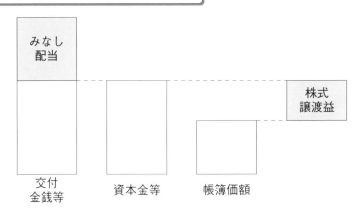

図表5－1　みなし配当と株式譲渡損益

2　解説とチェックポイント

　みなし配当として扱われる事由は限定列挙されています（法法24①）。その中の1つで，実務でも比較的出くわすのが自己の株式の取得です。しかし，発行法人が自己の株式を取得した場合であっても，証券市場における購入による取得や事業の全部の譲受けによる取得など除外されている取得形態もあります（法令23③）。

> **図表5－2　配当等とみなす金額に関する支払調書**

㈱□□製作所の株式100株（取得価額10万円）を同社に100万円で売却

《仕訳例》
（預　　金）826,430　（有価証券）100,000
（法人税等）173,570　（受取配当）850,000
　　　　　　　　　　　（売 却 益）50,000

令和6年分　配当等とみなす金額に関する支払調書(支払通知書)

住所(居所)又は所在地	愛知県豊橋市〇〇町1丁目1－1	個人番号又は法人番号		
氏名又は名称	株式会社　〇〇産業	1 2 3 4 5 6 7 8 9 0 1 2 3		

交付する金銭及び金銭以外の資産の価額		1株又は出資1口当たりの額	1株又は出資1口当たりの資本金等の額から成る部分の金額	1株又は出資1口当たりの配当等とみなされる金額
金銭	金銭以外の資産の価額 株式又は出資／その他の資産			
10,000円	円／円	10,000円	1,500円	8,500円

支払確定又は支払年月日	株式の数又は出資の口数	配当等とみなされる金額の総額	通知外国税相当額	源泉徴収税額
6年1月31日	100株	850,000円	円	173,570円

(摘要)

支払者	所在地	愛知県豊橋市△△町5丁目2－17	法人番号
	名称	株式会社　□□製作所（電話）0532-99-0000	9 8 7 6 5 4 3 2 1 0 9 8 7

支払の取扱者	所在地		法人番号
	名称	（電話）	

整理欄	1	2	

みなし配当があった場合には、「配当等とみなす金額に関する支払調書（支払通知書）」が交付される（所法225②）ので、実務上はこの通知書に記載された金額により会計処理と別表調整をします。

なお、自己株式の取得に係る取得法人の株式が、関連法人株式等、完全子法人株式等または非支配目的株式等に該当するかどうかの判定については、下記のとおり、通常の剰余金の判定と異なるので注意が必要です。

（1）関連法人株式等

自己株式取得法人の株式が関連法人株式等に該当するかどうかは、譲渡対価を取得した内国法人および当該内国法人との間に完全支配関係がある他の法人が取得法人の発行済株式等の3分の1を超える数の株式等を、次のA（A'）の日からBの日まで引き続き有しているかどうかにより判定をします。

A	当該内国法人が当該他の内国法人から受ける配当等の額（法人税法23条1項に規定する配当等の額）に係る配当等の前に最後に当該他の内国法人によりされた配当等の基準日等の翌日
A'	Aがその受ける配当等の額に係る基準日等から起算して6月前の日以前の日である場合には当該6月前の日の翌日
B	みなし配当の効力を生ずる日（その効力を生ずる日の定めがない場合には、その配当等がされる日）の前日

（2）完全子法人株式等の判定

自己株式取得法人の株式が完全子法人株式等に該当するかどうかは、みなし配当の効力発生日の前日において、譲渡対価を取得した内国法人と自己株式取得法人との間に完全支配関係があるかどうかにより判定をします。

（3）非支配株式等の判定

自己株式取得法人の株式が非支配目的株式等に該当するかどうかは、

譲渡対価を取得した内国法人が，自己株式取得法人の発行済株式または出資（当該法人が有する自己の株式等を除きます）の総数または総額の5％以下に相当する数または金額の自己株式取得法人の株式等を，みなし配当の効力発生日の前日において有するかどうかにより判定をします。

この判定に当たっては，短期保有株式等がある場合には，有していないものとして判定を行います。

> **チェックポイント！**
>
> ■ 株式の譲渡先法人（発行法人）において自己株式の取得となる株式の譲渡をした場合，常にみなし配当が生ずると誤解していませんか。
> ⇒ みなし配当事由となる自己株式の取得は限定されています（法法24①五，法令23③）。
> ■ 手取額を配当等の額として処理していませんか。
> ⇒ みなし配当事由が生じた場合，有価証券の譲渡損益も生じることがあります（法法61の2）。手取額の内訳は，源泉徴収後のみなし配当の額と株式の譲渡対価の額の合計額です。
>   なお，所得税額控除の所有期間による按分計算は不要です。
> ■ 100％子法人の自己株式取得によるみなし配当については，株式所有期間を考慮する必要がないことを理解していますか。
> ⇒ 100％子法人からのみなし配当については，みなし配当の効力発生日の前日において内国法人と他の内国法人との間に完全支配関係があった場合には，完全子法人株式等に係る配当等に該当します（法令22の2①）。

6 租税公課・還付税金・所得税額控除

1 制度のあらまし

　法人の活動上，負担することとなった租税公課は，原則として損金の額に算入されます。

　租税の損金算入時期は，賦課課税方式の租税はその賦課決定のあった日の属する事業年度，申告納税方式の租税は申告書の提出日の属する事業年度とすることを原則とします（法基通9-5-1）。

2 解説とチェックポイント

2-1 租税公課

(1) 損金不算入とされる主な租税

　租税の中には，損金算入されないものがあります（法法38・55④）。

租税の種類等	コメント
法人税・地方法人税・住民税	利子税を除きます。
上記以外の税目に係る附帯税	延滞税や過少申告加算税等の加算税が該当します。
地方税に係る延滞金	納期限延長に係るものを除きます。
無申告加算金，過少申告加算金，重加算金	
過怠税	本税部分も過怠税になります。
資産の取得価額に含めたもの	

> **チェックポイント！**
>
> ■ 延滞金という名称だけで損金不算入としていませんか。
> ⇒ 修正申告や更正があった場合に，延納期間に係る延滞金は損金に算入されます。また，労働保険または社会保険等の延滞金も損金になります。

（2）個別的取扱い

① 所得税（復興特別所得税を含む）

法人が支払いを受けるべき金額に対して課される所得税額のうち，税額控除の対象としたものは法人税の前払いとして取り扱われるので損金不算入とされますが，それ以外のものは損金に算入されます（法法40）。

> **チェックポイント！**
>
> ■ 受取利息や受取配当について，手取額部分だけを益金計上していませんか。
> ⇒ 源泉徴収所得税を含めて益金計上が必要です。

② 事業税および特別法人事業税

申告書の提出日の属する事業年度の損金に算入されます。

> **チェックポイント！**
>
> ■ 修正申告に伴い納付することとなる前期分の事業税は，当期末までに修正申告書が提出されていない場合であっても，当期分の損金に算入できることを理解していますか。
> ⇒ 税務調査により直前期と直前前期の法人税の修正申告をする場合，

> 直前前期に係る事業税および地方法人特別税は直前期の損金に算入され、それを反映させた所得金額に基づき直前期の修正申告書を作成することになります（法基通9-5-2）。

③ 消費税等

税込経理方式を採用している場合は、申告書の提出日の属する事業年度の損金になりますが、申告期限未到来の当該納税申告書に記載すべき消費税等の額を損金経理により未払金に計上している場合は、その損金経理した事業年度の損金と認められます（平元3直法2-1）。

税抜経理方式を採用している場合において、修正申告等の基因となる取引に係る消費税は加減算することになります。

たとえば、550万円（税込）の売上計上もれを修正する場合には、別表四では売上計上もれ550万円（加算・留保）と消費税認定損50万円（減算・留保）の処理をします。

> **チェックポイント！**
>
> ■ 控除対象外消費税額等があった場合の処理を理解していますか。
> ⇒ 「38 控除対象外消費税額等」参照。

④ 固定資産税など賦課課税方式の税金

賦課決定のあった日の属する事業年度の損金とすることが原則ですが、損金経理をすることにより納期の属する事業年度または納付日の属する事業年度とすることも認められます（法基通9-5-2）。

⑤ 製造原価に算入された事業所税等

申告書の提出日の属する事業年度の損金とするのが原則ですが、

未払金経理をした場合はその事業年度の損金として認められます（法基通9－5－1）。

> **チェックポイント！**
>
> ■ 申告期限未到来の事業に係る事業所税を未払金として経理した場合，申告調整を検討しましたか。
>   ⇒ 未払金経理による損金算入が認められる事業所税は，製造原価，工事原価等として経理した金額に限られます（法基通9－5－1(1)イ）。

⑥ 納税充当金の取扱い

納税充当金（未払法人税等）に係る法人税等の額は，損金不算入とされます。前期に計上した納税充当金は，法人税，地方法人税および住民税等，損金不算入とされる租税公課に係るもの以外は減算（留保）します。

> **チェックポイント！**
>
> ■ 確定法人税額等の計算上，仮入力した法人税等の額の後始末をしていますか。
>   ⇒ 中間納付額を仮払金勘定により計上したまま，確定法人税額等の計算を行い，その後，仮払金を法人税等勘定に振り替えた場合には，別表の手直しが必要ですが，失念していることがあります。
> ■ 納税充当金の取崩額を減算していますか。
>   ⇒ 法人税，地方法人税と住民税以外の税金への充当や充当過大による取崩額は減算します。
> ■ 前期において認定損とした未納事業税を当期において納付した場合，その認定損の戻入れ加算を行っていますか。
>   ⇒ 実際の納付額ではなく，前期に計上した認定損の額を加算します。
> ■ 修正申告等に係る法人税等や消費税等を納付した場合や源泉所得税の期限後納付があった場合に，適切に加算処理がされていますか。
>   ⇒ 損金不算入となる加算税や延滞税が生じています。

2−2　還付税金

　損金不算入とされる租税公課が還付された場合のその還付金は益金不算入とされます（法法26①③）。

　なお，還付加算金は益金不算入とされません。

2−3　所得税額控除

　内国法人が各事業年度において利子等，配当等，給付補塡金，利息，利益，差益，利益の分配または賞金の支払いを受ける場合には，これらにつき課される所得税の額は，その事業年度の所得に対する法人税の額から控除します（法法68①）。法人税の額から控除しきれない所得税の額は，還付されます（法法78）。

> チェックポイント！
>
> ■　所得税額控除には，期間按分が必要な場合があることを理解していますか。
> ⇒　法人から受ける剰余金の配当等（みなし配当など一定のものを除きます）に係る所得税の額については，元本の所有期間に対応する部分の額のみが所得税額控除の対象になります。
> 　配当等に係る元本を所有していた期間に対応する部分の所得税の額の計算方法には，原則法と簡便法とがあり，事業年度ごとにいずれかを選択します。

6 租税公課・還付税金・所得税額控除

3 記載例

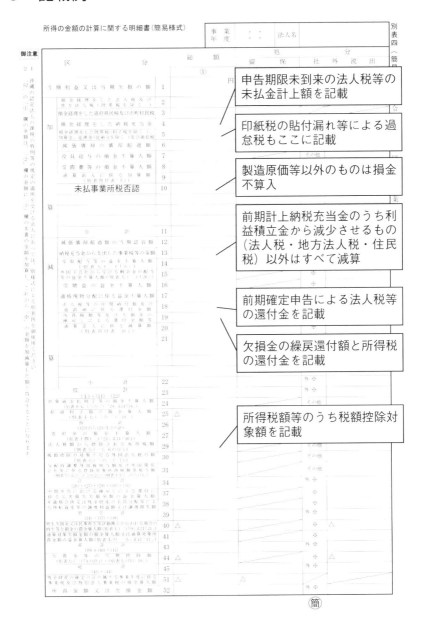

7 受贈益・寄附金

1 受贈益のあらまし

　法人が資産の贈与または債務の免除を受けた場合には，その相手方や目的等にかかわらず，すべてが益金とされます（法法22②）。これは，法人税法が，資本等取引を除き，純資産の増加要因となったすべての取引に係る収益を益金とする考え方をとっているためです。ただし，この受贈益や債務免除益に対して課税をすることが適当でない一定のものについては，課税上の特例が設けられています。

2 受贈益の解説とチェックポイント

2―1 時価によらない取引により生じる益金

　法人税法では，時価取引を前提としています。そのため，時価によらない取引をした場合には，受贈益等が生じることになります。

　具体的には，無償による資産の譲受け，無償による資産の譲渡し，無償による役務の提供によって益金が生じます。また，時価より低額での譲渡，債務免除による免除益も益金となる部分が生じます。

　（無償による資産の譲受け）

資産	100	/	益金	100
			（受贈益）	

　（無償による資産の譲渡し）

寄附金	100	/	益金	100
			（譲渡益）	
原価	40	/	資産	40

(無償による役務の提供（無利息貸付））

　　寄附金　　　　　　　100　／　益金　　　　　　　　100
　　　　　　　　　　　　　　　　（受取利息）

　ここでは，資産を無償で譲渡した法人においても，益金（譲渡益）が生じることに注意が必要です。これは資産の値上がり益が，譲渡を機会に資産を保有していた法人において清算されるべきものだからです。

> **チェックポイント！**
>
> ■　無償で資産を受贈された側だけに課税が生じると誤解していませんか。
> 　⇒　贈与した側では，無償による譲渡から益金または損金（譲渡損益）が生じ，時価相当額の寄附金課税が生じます。

2―2　受贈益課税の例外

　受贈益や債務免除益の中には，その性格上，課税すべきではないものもあります。それに対しては，課税が生じないように特別な取扱いが設けられており，主なものは，以下のとおりです。

　①　国庫補助金等で取得した固定資産等の圧縮額の損金算入（法法42）
　②　工事負担金で取得した固定資産等の圧縮額の損金算入（法法45）
　③　会社更生等による債務免除等があった場合の欠損金の損金算入（法法59）
　④　広告宣伝用資産等の受贈益（法基通4－2－1・4－2－2）
　⑤　未払給与を支払わないこととした場合の特例（法基通4－2－3）

> **チェックポイント！**
>
> ■　損金算入した役員給与に係る未払給与について債務免除を受けた場合に益金不算入としていませんか。

> ⇒ 未払給与に係る免除益で課税されないのは，損金不算入とされる役員給与に係る免除益のみです。なお，未払配当金の免除益にはこのような益金不算入規定はありません。

3　寄附金のあらまし

　寄附金とは，金銭その他の資産または経済的な利益の贈与または無償の供与（一定のものを除きます）をいいます（法法37⑦）。

　法人が支出するこれらの費用には事業に関連するものと関連しないものが存在しています。しかし，これらを明確に区分することは難しいことから，一定の限度額までは事業に関連するものとして損金算入を認め，超える部分は事業に関連しないものとして損金不算入とする，という一種の割切計算が採用されています。

　また，国に対するものなど特別な寄附金については，政策的な見地から，全額もしくは一部の損金算入が認められています（法法37③④）。

4　寄附金の解説とチェックポイント

　寄附金は，贈与時だけではなく，時価以外での対価による取引時にも生じます（法法37⑧）。通常の経済取引として是認できる合理的な理由がある場合を除いては，時価以外での取引により，相手方に経済的利益を移転する贈与と同様の経済効果が生じるためです。

　また，無償による資産の譲渡し時には，対価となるべき額を寄附したとされ，譲渡時の適正な時価が寄附金となります（法法37⑦）。このような資産の無償譲渡をしたときは，2で解説したように収益（譲渡益）を構成する規定があることから平仄がとられ，相手方の受贈益（譲渡益）と寄附金の額は一致することになります。

7 受贈益・寄附金   39

チェックポイント！

- 子会社を整理するための損失を「検討せずに」寄附金としていませんか。
  ⇒ 原則としては寄附金ですが，親会社自身の将来損失を回避するためなどやむを得ず行う支援は，寄附金とならない場合があります（法人税質疑応答事例集　子会社等を整理・再建する場合の損失負担等 https://www.nta.go.jp/law/shitsugi/hojin/01.htm#a-13を参照）（法基通9-4-1，9-4-2）。

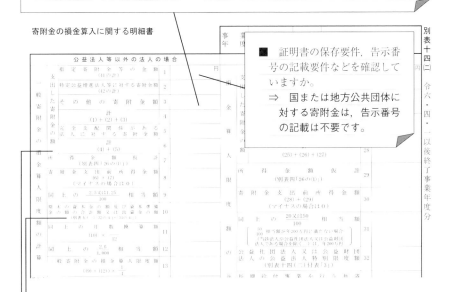

- 証明書の保存要件，告示番号の記載要件などを確認していますか。
  ⇒ 国または地方公共団体に対する寄附金は，告示番号の記載は不要です。

- 税務上の資本金等の額を記載していませんか。
  ⇒ 経過措置期間はあるものの，会計上の資本金と資本準備金のみを用いて計算します。

- 期末において未払いとなっている寄附金を含めていませんか。
  ⇒ 寄附金は，未払計上による所得調整をさせないために税務上は支出時に認識することとされています（法令78）。
- 寄附金を簿価で認識していませんか。
  ⇒ 法人税法では，時価取引が原則であるため，寄附金の額は時価で処理する必要があります。ただし，指定寄附金等および特定公益増進法人に対する寄附金に関しては，確定申告書に記載すれば帳簿価額により計算することも認められています（法基通9-4-8）。

8　貸倒損失・貸倒引当金

1　制度のあらまし

　法人の有する金銭債権について一定の事実が発生した場合には，その事実の発生した日の属する事業年度において貸倒れとして損金の額に算入されます。

　また，中小法人等については，貸倒れの事実は生じていないものの，将来の貸倒れの見込み額として，一定の繰入限度額に達するまでの金額を，その事実の発生した日の属する事業年度において，損金経理により貸倒引当金に繰り入れた場合には，その損金算入が認められます。

2　解説とチェックポイント

2－1　貸倒損失

　法人の有する金銭債権について，次のような事実が生じた場合には，貸倒損失として損金の額に算入されます（法法22③三，法基通9-6-1～9-6-3）。

- 金銭債権が切り捨てられた場合
- 金銭債権の全額が回収不能となった場合
- 一定期間取引停止後弁済がない場合等

　チェックポイント！

■　相手方の支払能力の検討をしないで債務免除の通知による貸倒損失を計上していませんか。
　⇒　回収努力をせずに債務免除を行うなど，支払能力がないと認めら

- ■ 担保物があるのにもかかわらず貸倒損失を計上していませんか。
  - ⇒ 担保物があり，その処分がされていないときは，個別貸倒引当金で対応します。
- ■ 損金算入時期に誤りはありませんか。
  - ⇒ 民事再生法等の規定により切り捨てられた金額は，その効力が生じた日の属する事業年度の損金となります。
- ■ 貸付金などの売掛債権でないものに備忘価額を付して貸倒処理していませんか。
  - ⇒ 備忘価額処理は，売掛債権のみの特例です。
- ■ 継続的取引のない取引先に対し売掛債権の特例を適用していませんか。
  - ⇒ 不動産取引のような単発取引は対象になりませんが，ネット販売の場合に潜在的取引の継続性を認め，本特例の適用余地を残した国税庁の質疑応答事例（通信販売により生じた売掛債権の貸倒れ）があります。
- ■ 相手方が破産したという事実だけでは貸倒損失が計上できないことを理解していますか。
  - ⇒ 破産申立時点で形式基準の50％あるいは実質基準による貸倒引当金の設定が可能です。売掛債権であれば，1年経過後に備忘価額処理が可能となりますが，破産の事実だけで貸倒処理を行うことはできません。なお，破産終結前でも同時廃止のように配当がないことが明らかであれば，その時点で貸倒処理が可能となります（法基通9－6－2）。

2－2　貸倒引当金

　貸倒引当金繰入額を損金算入できる法人は，期末資本金（資本金）の額が1億円以下である普通法人，資本または出資を有しない普通法人や人格のない社団等など，一定の法人に限られます。

　また，これらの普通法人であっても，資本金が5億円以上である法人の100％子会社や完全支配関係のある法人に発行済株式等の全部を保有されている法人などは除外されます。

> **チェックポイント！**
>
> ■ 前期の繰入超過額を認容していますか。
>   → 貸倒引当金は洗替え処理するので，繰入超過額は翌期において戻入れ（認容）します。
> ■ 差額補充法により貸倒引当金を計上している場合，確定申告書に添付する明細書にその旨を明らかにしていますか。
>   ⇒ 確定申告書に添付する明細書にその相殺前の金額に基づく繰入れ等であることを明らかにしているときに限り，その相殺前の金額によりその繰入れおよび取崩しがあったものとして取り扱われます（法基通11-1-1）。

（1）個別貸倒引当金繰入限度額の計算

個別評価金銭債権に係る債務者について会社更生法に基づく更生手続開始の申立等の事由が生じた場合には，繰入限度額に達するまでの金額は，損金の額に算入できます（法法52①，法令96①）。

（2）一括貸倒引当金繰入限度額の計算

売掛金，貸付金その他これらに準ずる一括評価金銭債権の額を基礎として計算した金額（繰入限度額）に達するまでの金額は，損金の額に算入できます（法法52②，法令96⑥）。

なお，公益法人等または協同組合等の繰入限度額の特例については，令和5年3月31日までに開始する事業年度をもって終了しています。

チェックポイント！

- 対象債権に誤りはありませんか。
  ⇒ 一括評価金銭債権は，売掛債権等（売掛金，貸付金その他これらに準ずる金銭債権をいいます）が該当し，受取手形も含まれます。
  裏書譲渡された受取手形も，いわゆる融通手形を除き，決済が完了するまでは一括評価金銭債権に含まれますが，裏書譲渡された受取手形の金額が財務諸表等の注記等により確認できる必要があります（法基通11-2-17）。
  また，内国法人が当該内国法人との間に完全支配関係がある他の法人に対して有する金銭債権は，個別評価金銭債権または一括評価金銭債権から除外されます（法法52⑨）。

- 貸倒実績率の計算に誤りはありませんか。
  ⇒ 貸倒実績率の計算に含まれる貸倒れは，売掛債権等に係るものに限ります。また，個別貸倒引当金の繰入れ・戻入れの調整を行います。なお，貸倒額は税込で考えます。

- 法定繰入率の適用に誤りはありませんか。
  ⇒ 業種判定の誤りが多く見られます。特に消費税の簡易課税の業種判定と混同していないかどうか注意が必要です。

- 個別貸倒引当金と一括貸倒引当金における「実質的に債権とみられないものの額」の違いを理解していますか。
  ⇒ 個別貸倒引当金は貸倒れを想定した限度額計算をすることから，単なる見積額計算をする一括貸倒引当金とその範囲が異なります。
  第三者振出手形は債務者ではなく振出人に請求するものであり，債務者に対して振り出した支払手形は通常第三者に裏書譲渡し，相殺できないことから，ともに個別貸倒引当金の限度額計算では実質的に債権とみられないものの額に該当します。

- 簡便法による「実質的に債権とみられないものの額」の計算に誤りはありませんか。
  ⇒ 平成27年4月1日から平成29年3月31日までに開始した事業年度の数値を用いて計算します。また，平成27年4月1日に存在する法人のみが適用可能です。

3 記載例

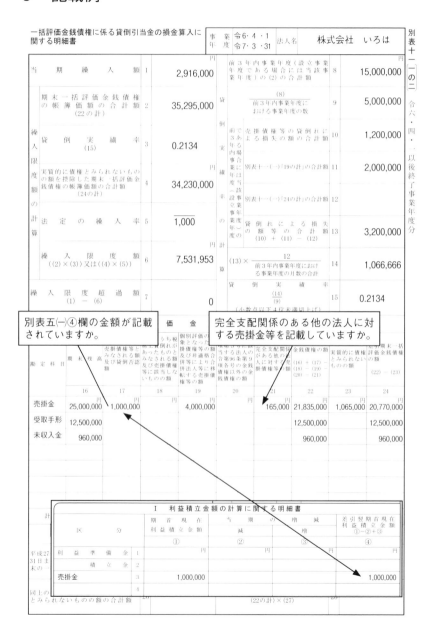

8 貸倒損失・貸倒引当金　45

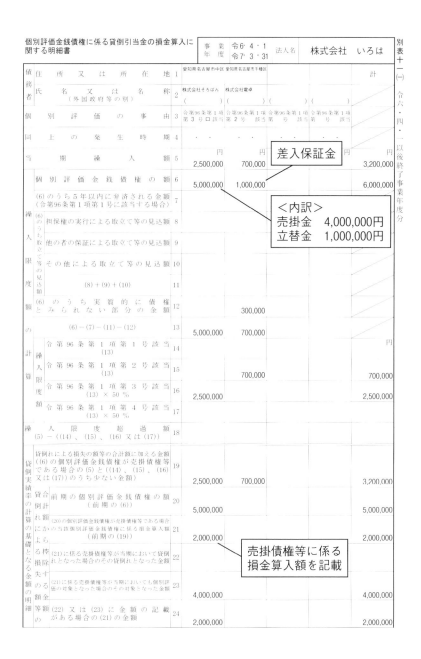

9 役員給与

1 制度のあらまし

　旧来，役員給与は，役員報酬・役員賞与・役員退職給与に区分され，当時の商法が役員賞与を利益処分項目として整理していたため，税法上もこれを損金不算入としていました。しかし，会社法施行を契機として，諸外国にならい，役員賞与を費用項目としたことから，法人税法は独自の整理を要求されることになりました。

　役員給与は，従来の臨時か否かという基準から事前決定を基準とした制度に改組され，事前確定届出給与，その例外としての定期同額給与，上場企業向け制度である業績連動給与の3つに該当しない限り，損金算入を認めないとされました（法法34①）。事前に決めてそのとおりに支給している限りにおいては，恣意的な利益調整を防止できるとの考え方です。

区分				取扱い	
役員に対する給与（注）	退職給与以外の給与	イ 定期同額給与 ロ 事前確定届出給与 ハ 一定の業績連動給与	非該当	損金不算入	
			該当	不相当に高額な部分	損金不算入
		使用人兼務役員の使用人部分給与		適正部分	損金算入
	退職給与			不相当に高額な部分	損金不算入
				適正部分	損金算入
	隠蔽又は仮装経理部分			損金不算入	

（注）　債務の免除による利益その他の経済的な利益を含む（法法34④）。
（「審理の手引」名古屋国税局法人課税課　令和2年7月より）

2　解説とチェックポイント

2－1　事前確定届出給与（法法34①二）

1つめの事前確定届出給与は，「事前確定」と「事前届出」の2つの合成と理解でき，支給前に株主総会等で支給決議を行うとともに，その事実を一定期日までに税務署に届出を行うことを要件とした制度です。

制度導入時に中小企業庁が賞与を損金にできる制度とミスリードしたこともあり，現在でも賞与的な利用例がありますが，予定どおりに支給がされない場合に税務上の問題を生じやすく，勧められない方法です。

> チェックポイント！

■　現物資産による支給や一定条件が付されて支給額が変動するように定められていませんか。
⇒　譲渡制限付株式・ストックオプションのような株式報酬で，株数により事前確定届出給与と整理される要件を満たすものを除き，あらかじめ確定しているといえず，「確定額」に該当しません。
■　事前に決めたとおり支給されない場合の取扱いを理解していますか。
⇒　届け出た金額と異なる金額を支給する場合には，届出時に給与支給額が確定していたと言えず，職務執行開始後に支給額が定められたものと整理されます。それが増額する場合であっても減額する場合であってもその支給額の全額が損金不算入と取り扱われます。
■　株主総会等の議事録で決議していることを確認していますか。
⇒　医療法人など非同族会社である法人が，非常勤役員など，定期同額給与を支給しない役員に対して，事前確定決議を行い，それに従って給与を支給する場合には，届出不要とされています。
■　届出期限について正しく理解していますか。
⇒　原則，株主総会による支給額決議の日から1月を経過する日か，事業年度開始後4月を経過する日のいずれか早い日までに税務署に届出が必要です（法令69②一）。
例）令和6年3月決算法人の令和6年5月25日株主総会で事前確定額の支給決議を行った場合，令和6年5月26日から1月を経過する日である令和6年6月25日までに届出が必要になります。

- ■ 決議の日が職務執行開始の日以後である場合，職務執行期間開始の日から1月以内に届出が行われていますか。
  - ⇒ 翌期以後も利用する場合，その都度期限内に提出が必要で，提出忘れで損害賠償請求を受けた事案があります。利用を止めるまで，毎年の提出期限管理が必要です。
- ■ 支給事由が，過去の職務執行対価であることが明確な場合に該当しませんか。
  - ⇒ 任期満了者も支給対象としている場合や，前期末に引当計上している場合までも，届出だけで損金算入を認めるものではありません（法法34①二，法令69②一）。

2－2　定期同額給与（法法34①一）

　2つめの定期同額給与は，毎月定額の役員報酬を支給している限りにおいては，届出がなくとも，事前に確定しているといえることから損金算入を認めているものです。期首から毎月あるいは，期首から3ヵ月以内の改定前後で毎月の支給額が各々同額であることが必要とされます。改定がこれ以外の時期で行われた場合や，改定が複数回行われた場合などが生じることから，実務の大半を占めるにもかかわらず紛糾が生じやすい方法です。

　事前確定届出給与・定期同額給与のいずれも，職制上の重要な変更に伴う改定である臨時改定事由および業績の著しい悪化に伴う改定である業績悪化改定事由が認められるため，これらの事由に該当するか否かの判断も実務上の大きな課題です。

　なお，通勤手当や家賃補助などの経済的利益で継続的に供与されて給与扱いされるものは，供与される利益の額がおおむね毎月一定であることを条件として，この定期同額給与に整理されています。

チェックポイント！

- ■ 役員出向における判定方法は，出向先法人から出向元法人への支払形態によっていますか。

- ⇒ 出向元法人から出向者への支払形態による判定をしている例が時折見受けられるようです（法基通9-2-46）。
- ■ 使用人兼務役員の使用人分職務給与は，役員給与規制の対象外であることを確認していますか。
 - ⇒ 使用人兼務役員が役員給与規制の対象となるのは，使用人職務給与分以外です（法法34①）。
- ■ 期首から3月経過した日以後，期中での役員給与額改定が行われた場合，病気などによる改定であっても，改定差額部分をすべて損金不算入としていませんか。
 - ⇒ 臨時改定事由に該当すれば，損金算入とされます（法令69①一ロ）。

2－3　業績連動給与（法法34①三）

3つめの業績連動給与は，有価証券報告書で業績に連動する給与の定め方などを事前に開示している場合に限り損金算入を認めるものです。

> チェックポイント！

- ■ 退職給与だから業績連動給与に該当しないと思っていませんか。
 - ⇒ 退職給与であっても，業績連動給与に該当する場合には，一定要件を満たさない限り，損金算入ができなくなっています。ただし，功績倍率方式による退職給与額算定は，業績連動給与に該当しないものとされています（法基通9-2-27の3）。
- ■ 監査役や社外取締役にも業績連動給与を支給できると考えていませんか。
 - ⇒ 対象は，業務執行役員に限るものとされています（法令69⑨）。監査役や社外取締役は，業務執行役員を監督する立場の役員であり，業務執行役員になれません。
- ■ 業績連動給与に該当すればそれだけで損金算入できると考えていませんか。
 - ⇒ 損金算入可能なのは，業績連動給与の中でさらに一定要件を満たすものだけです。その要件を満たさなければ，損金算入できないことになります。

2－4　その他

使用人兼務役員の使用人分給与については，この役員給与の規制外と

されている（法法34①かっこ書による除外・同⑤）ため，実務的にはこの区分の見極めも重要な課題です。

これら以外に，調査の現場では，不相当に高額か否かおよび実態として勤務の事実があるかが問われる場合があります。調査官の質問では，両者が混在した形で提示されることもありますが，両者は全く別個の話である点に注意を要します。

チェックポイント！

■ 使用人兼務役員になれない役員か否かを確認していますか。
⇒ 使用人兼務役員になれる者となれない者の区分

区分	判定
社長，理事長，代表取締役，代表執行役，代表理事及び清算人	使用人兼務役員とされない
副社長，専務，常務その他これらに準ずる職制上の地位を有する役員（注1）	
合名会社，合資会社及び合同会社の業務を執行する社員	
取締役（指名委員会等設置会社の取締役及び監査等委員である取締役に限る。），会計参与，監査役及び監事（注2）	
同族会社の特定役員（注3）	
上記以外の役員で，部長，課長，その他法人の使用人として職制上の地位を有し，かつ，常時使用人として職務に従事している者	使用人兼務役員とされる（注4）

（注）1 定款等の規定又は総会若しくは取締役会の決議等によりその職制上の地位が付与された役員をいう（法基通9-2-4）。
　　 2 この場合の取締役は，監査役と同様の業務を行う者であることから，使用人兼務役員とされない。
　　 3 同族会社の特定役員とは，持株割合5％超など法人税法施行令71条1項5号の株主要件全てを満たす役員をいう。
　　 4 非常勤役員は，常時使用人としての職務に従事していないので，使用人兼務役員とされない。

（「審理の手引」名古屋国税局法人課税課　令和2年7月より。一部補正。）

- ■ 使用人兼務役員については，使用人としての職制上の地位を確認していますか。
  - ⇒ 「役員報酬手当等及び人件費の内訳書」における「役職名　担当業務」で「営業部長」などの確認内容を記載しておくべきです。
    なお，「本部長」「事業部長」は使用人としての職制上の地位に該当しないとの専門誌記事があります（税務通信3667号　2021年8月23日）。
- ■ 勤務実態があるか否かを確認していますか。
  - ⇒ 経営者の親族などについては，調査現場では，組織図・席次表・内線表・タイムカードなどの確認とともに，他の従業員を含めて複数の人間に対する聴取りが行われることが少なくありません。
- ■ 不相当に高額か否かを検討していますか。
  - ⇒ 勤務実態がある場合でも，他の従業員などの給与水準と比較して明らかに高い場合には，調査現場で否認チャレンジを受けることもあります。多くの場合は，本格的な否認を念頭に置いているわけではなく，内部的な疎明が可能かどうかに力点があるようですが，親族関係は，事前に業務内容とのバランスを再点検しておくべきでしょう。

3　記載例

＜役員給与関係＞

「役員報酬の内訳書」を添付する場合には，次の項目を確認しましょう。

① 「事前確定届出給与」欄の記載が，届出書の金額と異なっていないか（法法34①二）。

② 損金に算入されている「業績連動給与」がある場合，非同族会社となっているか（法法34①三）。ただし，同族会社の場合でも，同族会社以外の法人との間にその法人による完全支配関係があるものは対象になります。

③ 「その他」の報酬手当等について，損金に算入されないものが加算されているか（法法34①）。

④ 使用人兼務役員がいる場合，持株割合5％超でないか確認しているか。また，役職名・担当業務は使用人分を明示しているか。

役員給与等の内訳書

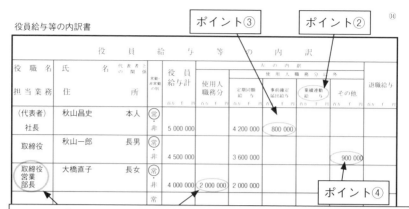

ポイント①
同族会社の場合，株主グループ判定により，使用人兼務役員になれる者かどうか。
→別表二（同族会社等の判定に関する明細書）により確認する。
　なお，使用人兼務役員が常務・専務に昇格した直後の使用人分賞与については，法基通9-2-27の適用があるため，法人事業概況書などで記載しておく。また，役職名が本部長・事業部長などになっていないか確認しておく。

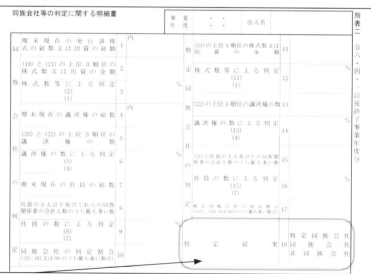

ポイント②
業績連動給与が適用できるのは非同族会社に限るため，同族会社であれば損金不算入。ただし，同族会社の場合でも，同族会社以外の法人との間にその法人による完全支配関係があるものは対象。

9 役員給与   53

ポイント③
事前確定届出給与がある場合,「事前確定届出給与に関する届出書」と合致しているか。

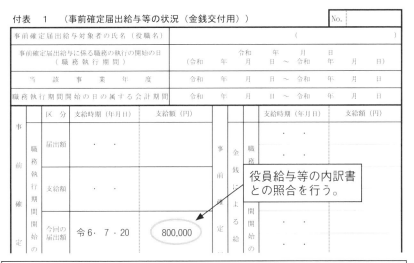

ポイント④
定期同額給与・事前確定届出給与・業績連動給与・使用人職務分のいずれにも該当しない「その他」部分は,別表四(所得の金額の計算に関する明細書)で加算されているか。

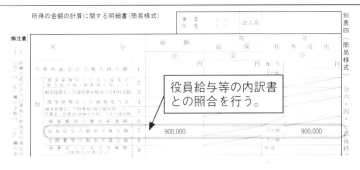

10 役員退職給与

1 制度のあらまし

　法人が役員に対して支給する退職給与の額のうち不相当に高額な部分の金額は，損金の額に算入されません（法法34②）。

　役員に対して支給する退職給与の損金算入時期は，株主総会等の決議によりその額が具体的に確定した日の属する事業年度となるのが原則ですが，支払った日の属する事業年度にその支払額を損金経理することも認められます（法基通9-2-28）。

2 解説とチェックポイント

2-1 損金に算入される退職給与

　損金の額に算入されない不相当に高額な部分の金額は，退職給与の額が，役員のその内国法人の業務に従事した期間，その退職の事情，その内国法人と同種の事業を営む法人でその事業規模が類似するものの役員に対する退職給与の支給の状況等に照らし，その退職した役員に対する退職給与として相当であると認められる金額を超える場合におけるその超える部分の金額とされます（法令70二）。

　この算定にあたり，一般的に功績倍率に基づく金額を適正額として扱っているケースが多いのが実情です。しかし，功績倍率による計算方法は，直前の報酬を高額にすれば金額が大きくなること，適用された倍率に客観性があるわけではないことなどから，常に退職給与としての適正額と認められるわけではありません。

　なお，不相当に高額な部分の金額とされた退職給与は損金の額に算入されませんが，退職した役員においては退職所得として取り扱われます。

> **チェックポイント！**
>
> ■ 役員退職慰労金規程に基づき役員退職給与を支給すれば否認されないと誤解していませんか。
> ⇒ 役員退職慰労金規程に基づき計算された退職給与でも、法人税法上、不相当に高額な部分は損金不算入です。

2－2　役員が使用人兼務役員に該当しなくなった場合の退職給与

　営業部長兼取締役が常務取締役に昇格する等、使用人兼務役員であった役員が使用人でなくなった場合に、その使用人兼務役員であった期間に係る使用人期間分の退職給与として支給した金額は、その役員に対する退職給与以外の給与とされるのが原則です。

　ただし、使用人期間分の退職給与の支給額が次のすべてに該当するときは、打切支給額として、その支給は使用人分の退職給与として取り扱われます（法基通9-2-37）。

① その者が使用人から使用人兼務役員に昇格した者（その使用人であった期間が相当の期間であるものに限ります）であり、かつ、その昇格時にその使用人期間分の退職給与の支給をしていないこと

② その退職給与の額が、使用人としての退職給与規程に基づき、その使用人であった期間および使用人兼務役員であった期間を通算してその使用人としての職務に対する退職給与として計算されており、かつ、その退職給与として相当であると認められる金額であること

　なお、使用人に該当しないこととなったときに退職給与を支給せず、役員の退職時に使用人兼務役員に対して支給すべき退職給与を役員分と使用人分とに区分して支給した場合の不相当に高額な部分の金額の判定は、その合計額により行います（法基通9-2-30）。

> **チェックポイント！**
>
> ■ 使用人兼務役員に対する退職金は，役員退職時しか認められないと誤解していませんか。
> ⇒ 一定の条件の下，使用人兼務役員になった時または使用人兼務役員でなくなった時にも使用人分退職金の支給に限り認められます（法基通 9 - 2 -36・9 - 2 -37）。

2－3 損金算入時期

　役員の退職給与の損金算入時期は，退職の事実があることを前提に，原則として，株主総会の決議等によって退職金の額が具体的に確定した日の属する事業年度となります。つまり，未払金であっても損金に算入されることになります。

　一方で，法人が退職給与を実際に支払った事業年度において損金経理をした場合は，退職の事実があることを前提に，その支払った事業年度において損金の額に算入することも認められます（法基通 9 - 2 -28）。これは，期中での死亡や病気などによる退職をした場合の早期支給や，短期的な資金繰りにより支払いが多少遅れることがある実務を考慮したものといえます。

> **チェックポイント！**
>
> ■ 株主総会の決議がまだないのにもかかわらず，取締役会の決議に基づき未払金計上していませんか。
> ⇒ 退職給与は報酬等なので，株式会社であれば会社法の手続による必要があります。つまり，取締役の報酬等の額を定款で定めないときは，原則として株主総会の決議が必要です（会361①）。
> 　一方，株主総会の決議前であっても実際に支給を行えば損金経理可能ですが，支給せずに未払での損金算入はできません（法基通 9 - 2 -28）。

2-4　分掌変更の場合

　法人が役員の分掌変更または改選による再任等に際しその役員に対し退職給与として支給した給与については，その支給が，その分掌変更等によりその役員としての地位または職務の内容が激変し，実質的に退職したと同様の事情にあると認められることによるものである場合には，これを退職給与として取り扱うことができます（法基通9-2-32）。

　通達では，3つの例が挙げられていますが，これに形式的に該当したとしても実質的に退職したのと同様と認められなければ，退職の事実がないこととなり，損金の額に算入できません。

　なお，実質的に退職したのと同様と認められない場合の退職給与は，法人の損金の額に算入されないのはもちろん，役員の所得税では退職所得ではなく給与所得として課税されるとともに，法人は源泉徴収もれとなり，不納付加算税や延滞税の負担も生じます。

　分掌変更等による退職給与については，否認時の金額的な影響も大きく，慎重に検討・対応すべきです。

> **チェックポイント！**

■　役員報酬を50％以上減額させたことのみをもって，分掌変更として退職金の支給をしていませんか。
　⇒　その後の報酬を50％以下にしても，その後において経営上主要な地位を占めている場合は実質的な退職と認められません。
■　代表取締役から平取締役になったことをもって分掌変更としていませんか。
　⇒　退職の事実は実態により判断します。なお，分掌変更後に経営上主要な地位を占めていないのであれば，役員報酬が適正額かどうかという別の問題も生じます。
■　分掌変更に伴う退職金を未払金計上していませんか。
　⇒　分掌変更に伴う退職金は，未払金経理による損金算入は原則認められません（法基通9-2-32（注））。未払いがごく短期的な資金繰りの都合などがあり，支給期と支給額が明確化されている場合に限り，例外的に認められます。

11　使用人給与・賞与・退職金

1　制度のあらまし

　使用人に対する給与には，原則として損金算入に制限は設けられていません。しかし，特殊関係使用人（役員の親族など役員と特殊関係のある使用人）に対する給与のうち，不相当に高額な部分の金額は，損金の額に算入されません。

　実務上問題になるのが，使用人兼務役員に対する使用人分給与です。役員給与の視点から損金算入の是非が検討されます。

　また，未払賞与の損金算入時期が問題となることもあります。

2　解説とチェックポイント

2－1　不相当に高額な部分の金額

　特殊関係使用人に対する給与の額のうち不相当に高額な部分の金額は損金不算入とされます。不相当に高額な部分の金額とは，使用人の職務に対する対価として相当であると認められる金額を超える部分の金額をいいます（法法36，法令72の2）。

> **チェックポイント！**
>
> ■　特殊関係使用人に対する給与（賞与・退職金を含みます）について，その職務に対する対価として不相当に高額な部分の金額はありませんか。
> 　⇒　その使用人の職務の内容，その内国法人の収益および他の使用人に対する給与の支給の状況，その内国法人と同種の事業を営む法人でその事業規模が類似するものの使用人に対する給与の支給の状況

等に照らし，その使用人の職務に対する対価として相当であると認められる金額が相当額とされます。
　退職給与の場合，業務従事期間，その退職の事情等も考慮します。

2－2　賞　与

　法人が使用人に対して支給する賞与の額（使用人兼務役員の使用人分を含みます）は，原則として支給日の属する事業年度の損金の額に算入されます。しかし，事業年度末日において未払いであっても，その事業年度中に支払ったと同視し得る場合には，損金経理を要件として，その事業年度の損金の額に算入できます（法令72の３，法基通９－２－43・９－２－44）。

　その事業年度中に支払ったと同視し得るのは，たとえば労働協約や就業規則により定められる支給予定日が到来している賞与で，使用人に支給額が通知されている場合です。

　また，支給額を，各人別に，かつ，同時期に支払いを受けるすべての使用人に対し通知し，その金額を翌事業年度開始の日から１月以内に支払っている場合も同様です。

チェックポイント！

- ■　支給日に在職する使用人のみに賞与を支給することとしている場合であっても，未払金経理による損金処理をしていませんか。
  - ⇒　退職者に支給しないものは，通知日において支払ったと同視し得るとはいえないので，未払賞与は損金に算入されません（法基通９－２－43）。また，就業規則等で，退職者に支給しないこととしている場合は，実際に退職者がいなくても未払賞与は損金に算入されません。
- ■　役員に対する賞与をすべて損金不算入としていませんか。
  - ⇒　使用人であった者が役員となった場合，その直後にその者に対して支給した賞与の額のうちその使用人であった期間に係る賞与の額としての適正額は，使用人の賞与の額として認められます（法基通

9 - 2 -27)。
　これは，使用人兼務役員であった者が使用人兼務役員とされない役員となった場合も同様です。

2－3　退職給与

　使用人に対する退職給与は，役員に対するものと違い，それが退職給与とされなかった場合でも，法人税の課税上の問題が生じることは少ないのですが，次のような取扱いがあります。

（1）退職給与の打切支給

　法人が，中小企業退職金共済制度または確定拠出年金制度への移行，定年の延長等に伴い退職給与規程を制定または改正し，使用人（定年延長の場合は，旧定年に到達した使用人をいいます）に対して退職給与を打切支給した場合において，その支給をしたことにつき相当の理由があり，かつ，その後は既往の在職年数を加味しないこととしているときは，その支給した退職給与の額は，その支給した日の属する事業年度の損金の額に算入されます（法基通9‐2‐35）。

（2）使用人が役員となった場合の退職給与

　法人の使用人が役員となった場合において，その法人がその定める退職給与規程に基づきその役員に対してその役員となった時に使用人であった期間に係る退職給与として計算される金額を支給したときは，その支給した金額は，退職給与としてその支給をした日の属する事業年度の損金の額に算入されます（法基通9‐2‐36）。

（3）使用人から役員となった者に対する退職給与の特例

　法人が，新たに退職給与規程を制定しまたは従来の退職給与規程を改正して使用人から役員となった者に対して退職給与を支給することとした場合において，その制定等の時にすでに使用人から役員になっている者の全員に対してそれぞれの使用人であった期間に係る退職給与として

計算される金額をその制定等の時に支給し，これを損金の額に算入したときは，その支給が次のいずれにも該当するものについては，損金の額に算入されます（法基通9－2－38）。

① 既往において，これらの者に対し使用人であった期間に係る退職給与の支給（打切支給に係るものを除きます）をしたことがないこと

② 支給した退職給与の額が，その役員が役員となった直前に受けていた給与の額を基礎とし，その後のベースアップの状況等を参酌して計算されるその退職給与の額として相当な額であること

> **チェックポイント！**
>
> ■ 退職給与の打切支給で未払いのものを損金の額に算入していませんか。
> ⇒ 打切支給については未払金経理による損金算入は認められません。
> ■ 役員となった者に対する使用人期間分の退職給与で未払いのものを損金に算入していませんか。
> ⇒ 未払金経理による損金算入は認められません。

役員給与等の内訳書

役員給与等の内訳

人件費の内訳

区　　分		総　　額	総額のうち代表者及びその家族分
役員給与		25,800,000	15,000,000
従業員	給与手当	78,590,250	9,000,000
	賃金		0
計		104,390,250	24,000,000

（吹き出し）ここの記載により家族分の給与がチェックされます。

12　出向・転籍

1　制度のあらまし

　出向には，出向元法人および出向先法人の双方と出向労働者との間にそれぞれ労働契約関係がある在籍型出向や，出向元法人とその出向労働者との労働契約関係が終了している移籍型出向（「転籍」とも呼ばれています）など様々な形態があります。

　一般的に出向といった場合は在籍型出向のことをいいます。在籍型出向（以下「出向」といいます）は，出向先法人で役務の提供が行われるので，出向先法人において役務の提供の対価を負担するのが原則です。

2　解説とチェックポイント

2―1　較差補塡金（出向元法人の取扱い）

　出向元法人が，出向元法人と出向先法人の給与体系の違いなどの給与条件の較差を補塡するために，給与の上乗せ額を直接出向者に支給したり，出向先法人を経由して出向者に支給したりすることがあります。この較差補塡金には次のようなものがあり，出向元法人の損金の額に算入されます（法基通9－2－47）。

　①　出向先法人が経営不振等で出向者に賞与を支給することができないため出向元法人がその出向者に対して支給する賞与の額

　②　出向先法人が海外にあるため出向元法人が支給するいわゆる留守宅手当の額

図表12―1　較差補填金と給与負担金

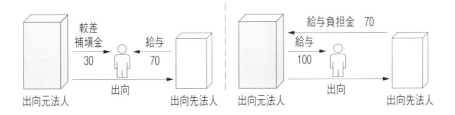

2―2　給与負担金（出向先法人の取扱い）

　出向元法人が出向者に給与の支給をする場合，出向先法人は出向者に係る給与相当額の負担金（以下「給与負担金」といいます）を出向元法人に支払います。この給与負担金は出向者に対する退職給与以外の給与として取り扱われます（法基通9-2-45）。

　経営指導料等の名義で支出するものであっても実質的に給与負担金の性質を有する部分の金額は，給与負担金に該当します。

　なお，出向先法人が給与負担金として支出した金額が出向元法人が出向者に支給する給与の額を超える場合のその超える部分の金額については，出向先法人にとって給与負担金としての性格はなく，寄附金等の問題が生じます。

チェックポイント！

- ■　出向者が出向先法人において役員となっている場合の給与負担金は役員給与とされることを理解していますか。
  ⇒　給与負担金は，実質的に出向者の役務提供に対する対価であり，出向先法人が出向者に支払った役員給与と考えることができます。そこで，その給与負担金が次のすべての要件を満たすときは，給与負担金は役員給与として法人税法34条の規定が適用されます（法基通9-2-46）。
  ①　その役員に係る給与負担金の額につきその役員に対する給与と

　　　　して出向先法人の株主総会，社員総会またはこれらに準ずるものの決議がされていること
　②　出向契約等においてその出向者に係る出向期間および給与負担金の額があらかじめ定められていること

2－3　出向者に係る退職給与負担額

　出向者の出向期間に係る退職給与負担額については，(1)出向先法人が役務の提供の対価を受けたとき，(2)出向先法人を退職したとき，または(3)出向者が出向元法人を退職したときにそれぞれ債務が確定するとの考え方があります。

　そこで，出向先法人が負担する退職金相当額については，出向先法人の負担の仕方によって，3つの損金算入時期が認められます。

(1) 定期的に支出している場合

　出向先法人が，出向者に対して出向元が支給すべき退職給与の額に充てるため，あらかじめ定めた負担区分に基づき，出向者の出向期間に対応する退職給与の額として合理的に計算された金額を定期的に出向元法人に支出している場合には，その支出する金額は，その支出日の属する事業年度の損金の額に算入します。これは，出向者が出向先において役員となっている場合でも同様です（法基通9－2－48）。

(2) 出向先法人退職時に支出する場合

　出向元法人と出向先法人との間の退職給与の負担に関する協定により，出向者が出向元法人に復帰した時に退職給与の負担相当額を出向元法人に支出をした場合は，その支出する金額は，その支出日の属する事業年度の損金の額に算入します。

(3) 出向元法人退職時に支出する場合

　出向者が出向元法人を退職した場合において，出向先法人がその退職した出向者に対して出向元法人が支給する退職給与の額のうちその出向

期間に係る部分の金額を出向元法人に支出したときは，その支出した金額は，その支出日の属する事業年度の損金の額に算入されます（法基通9-2-49）。

> **チェックポイント！**
>
> ■ 出向者が出向元法人を退職しても，出向先法人を退職していないときは，退職金相当額の負担金は損金にならないと誤解していませんか。
>   ⇒ 出向先法人において引き続き役員または使用人として勤務するときであっても，出向期間に対応する退職給与負担額の精算なので，損金に算入されます。
> ■ 退職金相当額の計算が大変なので，退職金相当額のやり取りを省略していませんか。
>   ⇒ 出向先法人が出向者に対して出向元法人が支給すべき退職給与の額のうちその出向期間に係る部分の金額を負担しない場合は，寄附金等の課税の問題が生じます。ただし，その負担しないことにつき相当な理由があるときは，寄附金課税はされません（法基通9-2-50）。

2—4　転籍者に対する退職給与

　転籍した使用人（以下「転籍者」といいます）に係る退職給与につき転籍前の法人における在職年数を通算して支給することとしている場合において，転籍前の法人および転籍後の法人がその転籍者に対して支給した退職給与の額（相手方である法人を経て支給した金額を含みます）については，それぞれの法人における退職給与とされます。

　ただし，転籍前の法人および転籍後の法人が支給した退職給与の額のうちにこれらの法人の他の使用人に対する退職給与の支給状況，それぞれの法人における在職期間等からみて明らかに相手方である法人の支給すべき退職給与の額の全部または一部を負担したと認められるものがあるときは，その負担したと認められる部分の金額は，相手方である法人に贈与したものとされます（法基通9-2-52）。

13 不正行為・罰金等・損害賠償金

1 制度のあらまし

　法人税その他の租税を脱税するための経費や法令違反等に対する制裁として課される罰金等や賄賂等の損金算入を認めることは，これらの経費などを国が一部負担する結果になるので，制裁効果が減殺してしまいます。そこで，不正行為等に係る費用や，賄賂等，罰金等は損金不算入とされます。

　また，法人の役員や使用人の行為等によって他人に与えた損害につき法人がその損害賠償金を支出した場合も制裁的意味合いがあるときや，法人の役員または使用人が真に負担すべきものは損金不算入とされます。

2 解説とチェックポイント

2－1 隠蔽仮装行為

　隠蔽仮装行為とは，法人の所得の金額もしくは欠損金額または法人税の額の計算の基礎となるべき事実の全部または一部を隠蔽し，または仮装することをいいます。

　隠蔽仮装行為によりその法人税その他の租税の負担を減少させ，または減少させようとする場合の，その行為に要する費用の額またはその隠蔽仮装行為により生ずる損失の額は，各事業年度の所得の金額の計算上，損金の額に算入されません（法法55①②）。

　これは，違法支出の一形態である公務員への賄賂の損金不算入を明確にする場合，反射的にそれ以外の違法支出，特に隠蔽仮装行為に要する費用等の損金算入が許容されるという解釈につながりかねないことから，

特に法人税法自らを否定する支出である隠蔽仮装行為に要する費用等について，賄賂の損金不算入とあわせて明確化されたものです。

なお，令和5年1月1日以後開始事業年度から，隠蔽仮装行為に基づき確定申告書を提出したり，または提出していなかった場合には，これらの申告書に係る事業年度の原価の額，費用の額および損失の額のうち一定のものは，各事業年度の所得の金額の計算上，損金の額に算入しないこととされました（法法55③）。

2－2　賄賂等

いわゆる賄賂等については，国家公務員および外国公務員への賄賂の税控除を認めてはならないとする「腐敗の防止に関する国際連合条約」の国内法制の担保措置として，国際的な協調の観点から損金不算入であることが明確化されています（法法55⑥）。

2－3　罰金等

次に掲げるものは，社会制裁的な性格があることから，損金不算入とされています（法法55⑤）。

① 罰金および科料ならびに過料
② 次に掲げる規定による課徴金及び延滞金
　国民生活安定緊急措置法の規定，私的独占の禁止及び公正取引の確保に関する法律の規定，金融商品取引法第6章の2（課徴金）の規定，公認会計士法の規定，不当景品類及び不当表示防止法の規定，医薬品，医療機器等の品質，有効性及び安定性の確保等に関する法律の規定

> **チェックポイント！**
>
> ■ 役員の重任の登記を失念したことにより代表取締役に課された過料について，会社が負担し，それを役員給与としていませんか。

> ⇒ 登記の失念など，罰金等が法人の業務の遂行に関連してされた行為等に対し課されたものであるときは役員給与になりません。ただし，損金の額には算入できません（法基通9-5-12）。

2―4　損害賠償金

　法人の役員または使用人がした行為等によって他人に与えた損害につき法人がその損害賠償金を支出した場合には，その性格により次のように取り扱われます（法基通9-7-16）。

① その損害賠償金の対象となった行為等が法人の業務の遂行に関連するものであり，かつ，故意または重過失に基づかないものである場合には，その支出した損害賠償金の額は給与以外の損金とされます。

② その損害賠償金の対象となった行為等が，法人の業務の遂行に関連するものであるが故意または重過失に基づくものである場合または法人の業務の遂行に関連しないものである場合には，その支出した損害賠償金に相当する金額はその役員または使用人に対する債権とされ，損金の額に算入できません。

図表13―1　役員または使用人の行為等に基づく損害賠償金

業務関連性	故意・重過失	損害賠償金の性格
あり	なし	給与以外の損金
	あり	役員・使用人に対する債権
なし	―	役員・使用人に対する債権

チェックポイント！

■　法人が負担すべき損害賠償金を損金不算入としていませんか。
　⇒　法人が負担すべき損害賠償金は，資産の取得価額に含められるものを除き，損金の額に算入されます。
■　支出した損害賠償金相当額で役員または使用人に対する債権とされるものを法人負担とした場合，常に給与とされると誤解していませんか。

> ⇒ 役員または使用人の支払能力等からみて求償できない事情にある場合には，その全部または一部に相当する金額を貸倒れとして損金経理をすること，または損害賠償金相当額を債権として計上しないで損金の額に算入することが認められます。
> 　　ただし，その貸倒れ等とした金額のうちその役員または使用人の支払能力等からみて回収が確実であると認められる部分の金額については，その役員または使用人に対する給与とされます（法基通9－7－17）。

2－5　損害賠償金の損金算入時期

　法人が，その業務の遂行に関連して他の者に与えた損害に係る損害賠償金については，賠償すべき金額の確定日の属する事業年度の損金の額に算入することが原則です。しかし，事業年度終了の日までにその賠償すべき額が確定していないときであっても，相手方への申出額（相手方に対する申出に代えて第三者に寄託した額を含みます）に相当する金額は，その範囲内で債務が確定していると認められます。

　そこで，保険金等により補塡されることが明らかな部分の金額を除き，その申出額をその事業年度の未払金経理により，損金に算入することができます（法基通2－2－13）。

　また，損害賠償金を年金として支払う場合には，支給額を，その支払うべき日の属する事業年度の損金の額に算入することもできます。

チェックポイント！

> ■　自動車による人身事故に伴い損害賠償金として支出した金額で，示談の成立等による確定前に損金に算入している場合，保険金見積額を益金に算入していますか。
> 　⇒　示談等の成立等による確定を待たずに支出額を損金に算入できますが，この場合には，保険金または保険金見積額（保険会社に対して保険の支払を請求しようとする額）は益金の額に算入します（法基通9－7－18）。
> 　　なお，保険金見積額とは，その法人が自動車損害賠償責任保険契約または任意保険契約を締結した保険会社に対して保険金の支払いを請求しようとする額をいいます。

14 接待交際費

1 制度のあらまし

　接待交際費は，売上，原価に続いて税務調査においても必ず調査対象になる項目です。交際費課税は，昭和20年代当時の企業育成を目的に，冗費，乱費の抑制，企業の自己資本強化のために導入されましたが，近年はデフレ対策から，定額控除限度額の引き上げ，一定の接待飲食費は交際費から除外するなどの改正が行われています。大規模な会社であっても，接待飲食費の領収書改ざん等の不正が確認される場合があるので注意が必要です。

2 解説とチェックポイント

2－1 交際費の取扱い

　交際費等は原則として損金不算入とされていますが（措法61の4），資本金1億円以下の中小法人については，年800万円までは，損金不算入額がゼロとされ全額が損金に算入できます。なお，資本金が5億円以上の法人の100％子法人である中小法人は，大企業と同様に，2－3の飲食費を除き，支出額全額が損金不算入となります。

> **チェックポイント！**
>
> ■　いわゆる他科目交際費の確認はしていますか。
> 　⇒　給料，支払手数料，会議費，売上割戻し，広告宣伝費，福利厚生費，雑費などは，交際費が含まれていないか調査対象となります。逆に，交際費と処理したものに役員給与や寄附金，使途秘匿金が含

まれていると，かえって重い税負担になってしまいます。また，社内での飲食費等は給与認定されると源泉所得税などの給与課税が生じます。
- ■ 領収書等に人数の水増しやバックデートの作成がないか確認しましたか。
    - ⇒ 内容の改ざんや書き換えがないかは重点的な調査対象です。また，稟議書や社内の決裁文書も確認対象となります。
- ■ 消費税を税抜経理している場合に，仕入税額控除できなかった控除対象外消費税を別表十五において交際費等に含めていますか。
    - ⇒ 経費に係る控除対象外消費税は，全額損金となるのが原則ですが，交際費等に係るものは，交際費等の損金不算入額の対象になります（法令139の4①，平元.3直法2-1）。

2-2　1万円飲食費の交際費からの除外

　交際費等の範囲からは，1人当たり1万円以下の飲食費が除外されます（措令37の5①）。社内飲食費は除外できず，交際費等に含めることになりますが，仮に得意先が1名で自社の従業員が数名参加していたとしても，接待目的の支出であれば，形式的なものでない限りは1万円飲食費に含まれることになります。1人当たりの金額は，単純に飲食等に参加した人数で除して計算した金額で判定します。

　除外されるのは1人当たり5,000円以下でしたが，令和6年度税制改正によって1万円以下に引き上げられています。令和6年4月1日以後分の飲食費について適用されています。

チェックポイント！

- ■ 改正による金額基準の区分はできていますか。
    - ⇒ 1万円基準は令和6年4月1日以後分から適用されるため，この日をまたぐ事業年度は両基準が混在することになります。
- ■ 飲食費を負担した飲食店への送迎費を接待飲食費に含めていませんか。
    - ⇒ 送迎費は直接飲食店に支払うことがないため，通常の交際費に該

当します。なお，1人当たりの1万円基準の算定にあたって飲食費に加算する必要はありません。
- ゴルフの接待費用から飲食代だけを抜き出して，1万円飲食費にしていませんか。
  ⇒ この場合の飲食代は主たる目的であるゴルフ接待と不可分一体的な行為ですのでゴルフ接待費用全額が交際費等に該当します。
- 飲食費の明細を記載した書類を保存していますか。
  ⇒ 飲食に関する参加者の氏名とその人数，飲食店等の明細などを記載した書類の保存が要件とされています（措法61の4④，措規21の18の4）。

図表14—1　飲食費明細の記載例

日付	得意先の氏名等	当社との関係	参加者の数	飲食店	金額(円)
4/14	○○㈱　山田部長	仕入先	2名	居酒屋△△　大阪市北区	8,700
4/21	㈱××営業部　木村課長ほか	卸売先	8名	焼き肉△△　大阪市中央区	35,000

参加者全員の氏名ではなくても差し支えありません。

- 税込経理方式を採用しているにもかかわらず，税抜金額で1万円の判定をしていませんか。
  ⇒ 飲食費に係る消費税については，税込経理方式を適用している場合には飲食費に含まれます。

2—3　飲食費の50％損金算入

　企業の規模を問わず，接待飲食のために支出する費用の額は50％相当額まで損金算入が認められます。飲食費の額に上限はありません。大企業にも交際費の一部損金算入が認められます。ただし，令和2年度税制改正で，令和2年4月1日以後に開始する事業年度からは期末の資本金が100億円を超える法人については，支出交際費の全額が損金不算入となっています。中小法人については，年800万円を定額控除限度額とする既存制度との選択適用が可能です。なお，接待飲食費の範囲は，2—

2の接待飲食費1万円基準と同じ扱いになります。したがって、接待飲食費の金額が1人当たり1万円以下なら交際費等から除かれ、それ以外の接待飲食費は、支出額の50％が損金に算入されます。

> **チェックポイント！**
>
> ■ 飲食費の明細を帳簿書類に記載していますか。
>   ⇒ 参加者の氏名や飲食店等の明細を帳簿書類で明らかにする必要があります。なお、1万円飲食費と異なり、参加人数の記載は必要ありません。

3　記載例

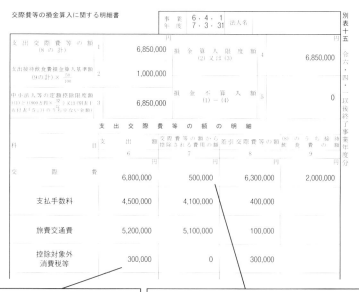

15 福利厚生費

1 制度のあらまし

　福利厚生費は，従業員の福祉の充実を目的として，賃金以外の間接的給付を行うための経費をいいます。慶弔見舞，慰安旅行等のレクリエーション費用，健康診断のための費用などが該当します。

　従業員に一律に提供していること，社会通念上妥当な金額かという基準がポイントになります。したがって，支出が高額である場合や，接待行為に従業員が参加している場合，特定の従業員しか参加していないような場合には，交際費や給与課税と認定されることになります。

2 解説とチェックポイント

2－1 交際費との区分

　従業員の慰安のために行われる旅行や運動会などのために要する費用については交際費等から除かれ（措法61の4⑥），福利厚生費とされます。また，社内の行事に際して支出される金額も福利厚生費となります。

　しかし，これらの費用は領収証だけでは目的が不明確な場合が多く，調査では参加者などの具体的な実績を求められます。場合によっては反面調査が実施されることもあるため，普段から税務調査を意識した経理処理を心がけることが必要です。

> **チェックポイント！**
>
> ■ 特定の役職の者だけが参加した忘年会費用を福利厚生費としていませんか。
>   ⇒ 福利厚生費となる忘年会は全社員が対象であるものに限られます。二次会は有志のみという場合は社内交際費となります。工場ごと，部署ごとに忘年会を実施することは問題ありませんが，特定の部署のみの二次会などは社内交際費と認定されるリスクがあります。
> ■ 接待目的の年間ボックスシートや相撲のます席を福利厚生費としていませんか。
>   ⇒ 福利厚生費とするには全従業員が利用できることが必要です。従業員の利用実績を記録する必要があります。
> ■ 接待旅行や接待目的の宴会に参加した従業員の費用を福利厚生費として処理していませんか。
>   ⇒ この場合の従業員の費用は接待交際費となります。また，全従業員参加の慰安旅行に得意先役員などを参加させた場合は，支出額を福利厚生費と接待交際費とに合理的に区分する必要があります。

2－2　給与との区分

　福利厚生費として損金処理した費用が，所得税法上，課税すべき経済的利益に該当すると，法人側では現物給与として源泉徴収する必要があります。

　経済的利益が福利厚生費として給与課税されないのは，金銭同等物ではないこと（香典・祝い金は例外），公平性があること，社会通念上妥当な額であり，業務上の必要性が広い意味で観念できること（従業員慰安旅行など）が基本となります。

　平成25年4月1日以降開始の事業年度からは，資本金1億円以下の中小法人は年800万円までの交際費は損金不算入額がゼロになっています。したがって，昔であれば給与課税の対象となるような支出をあえて交際費として処理するという現場の処理は，徐々に認められにくくなり，給与課税とすべき支出は厳格に運用される可能性が懸念されます。給与の

認定が行われると，源泉徴収税額が生じるだけでなく，不納付加算税が賦課決定されます。さらに，臨時的な経済的利益を受けた者が役員であった場合，役員賞与として源泉所得税，所得税，法人税のトリプル課税になってしまいます。実務では絶対に避けるべきミスです。

> チェックポイント！

- ■ 従業員互助会を組織している場合，互助会への支出を簿外処理していませんか。
  - ⇒ 同族企業では，従業員互助会への支出を福利厚生費として処理し，互助会の簿外預金の残高が相当額になっている事例を見受けます。法人拠出に対応する預金残高（繰越剰余金）は別表加算が要求されます。
- ■ 社宅を役員や従業員に無償で貸与していませんか。
  - ⇒ 法人が借上げた社宅を役員や従業員へ無償で貸与した場合は，現物給与と認定されます。会社が支払う家賃の50％以上を役員や従業員が負担していれば課税はありません。なお，役員社宅の会社負担家賃が給与と認定された場合は，利益提供額が毎月おおむね一定ですので，法人負担額は，定期同額給与として損金算入することになります（法令69①二）。
- ■ 社長とその家族しか利用していない法人所有のクルーザーや別荘に関する諸費用を福利厚生費としていませんか。
  - ⇒ このケースの最も厳しい処理は，購入費用が一括で役員給与と認定されることですが，通常は，減価償却費および諸経費相当額を経済的利益として給与と認定されることになります。
- ■ 役員のみの高額な人間ドック費用を福利厚生費としていませんか。
  - ⇒ 健康診断費用は従業員全員を対象とし，高額でない場合には，福利厚生費として給与課税の必要はありませんが，役員のみが対象であり，20万円を超えるようなPET検診など高額であると判断されれば，役員賞与と認定されるリスクがあります。
- ■ 慰安旅行費用について福利厚生費となる範囲を把握していますか。
  - ⇒ 社会通念上一般的な費用であれば福利厚生費とすることができます。具体的許容範囲として，1人当たり会社負担額が10万円程度であること，海外旅行の場合は4泊5日以内であること，従業員の過半数が参加していること，との実務の運用があります。
- ■ 永年勤続表彰者などの各種表彰費用を福利厚生費として損金処理し

ていませんか。
> ⇒ 表彰金や記念品の支給費用は，原則として給与課税しなければなりません。ただし，永年勤続者に支給する記念品や施行招待等の現物給与については，勤続期間に照らし，社会通念上相当と認められるものであれば，給与課税の必要はありません（所基通36-21・36-22）。金銭で支給した場合には必ず課税対象になります。

3　記載例

福利厚生費のうち300,000円は，社長とその妻のみが参加したPET検診費用だった。

福利厚生費と認められず，役員給与と認定される。

損益計算書

福利厚生費	3,800,000

別表四

区分		総額 ①	処分	
			保留 ②	社外流出 ③
加算	役員給与の損金不算入額	300,000		その他　300,000

定期同額給与に該当しないため，全額が損金不算入。
源泉所得税の納付も必要になります。

16 広告宣伝費・諸会費

1 制度のあらまし

　不特定多数を対象に宣伝効果を期待する支出は広告宣伝費として当然に損金となります。その性質上，交際費との区分が問題になりやすいといえます。広告宣伝費，販売促進費という科目があれば調査官は必ず，証憑類を細かく確認します。したがって，金額が多額である場合や前期に比べ大きく増減している場合は，原因を把握しておく必要があります。さらに広告宣伝用物品の配布先は領収証等だけでは判明しないため，配布先の名簿等の記録を備え付けることが必要です。また，支出のタイミングによっては前払計上や資産計上の問題になることもあります。

　諸会費については，ゴルフクラブや社交団体，ロータリークラブ，同業者団体に支払うものは，交際費や役員給与として処理すべきものはないか注意が必要です。

2 解説とチェックポイント

2-1 交際費との区分

　会社が広告宣伝のために社名入りの金券を配布する場合，消費者など不特定多数に対するものは広告宣伝費となります。

　特定の取引先に対するものであれば支出の相手が問題になります。たとえば売上割戻しとして事業者に対して金品や棚卸資産を配布するのであれば，事業者が収益計上することが前提であるため，支払法人側では交際費には該当しませんが，取引先の従業員であれば交際費に該当することになります。また，取引先従業員に対するものであっても売上割戻

しとしての算定基準による広告宣伝物品で単価3,000円以下のものは交際費とならず損金にできます。

> **チェックポイント！**
>
> ■ 1人当たり3,000円以下の商品券の配布費用を広告宣伝費としていませんか。
>   ⇒ 商品券は現金と等価であることから少額物品不追及の取扱いはありません。
> ■ 中元・歳暮が単価3,000円以下であるからといって広告宣伝費としていませんか。
>   ⇒ 3,000円基準で損金にできる物品は，売上高や売掛金の回収高を基準に支出する贈答費用に限られます（措通61の4(1)-4）。したがって中元・歳暮のような広告宣伝の性質がない贈答費用は，少額であっても交際費となります。

2－2　広告宣伝用資産等の受贈益

図表16－1　広告宣伝用資産の受贈益

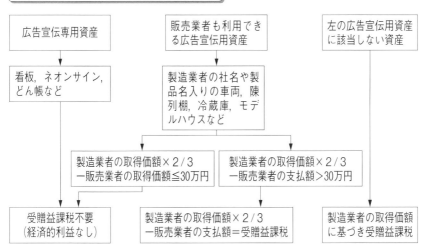

たとえば，小売業者が製造業者から広告宣伝用資産の提供を受けることがあります。本来，資産の贈与を受ければ，資産の時価によって受贈益を計上する必要がありますが，図表16－1のように取り扱われています（法基通4-2-1）。

2－3　損金計上時期の問題

広告宣伝費は，契約期間や広告の効果の続く期間によって損金算入時期がよく問題になります。したがって，広告の掲載時期や広告契約の期間を確認しておく必要があります。また，広告宣伝費用の内容によっては，減価償却資産や繰延資産としての計上が必要な場合もあるため，注意が必要です。

> **チェックポイント！**
>
> ■　半年契約のネット広告掲載料を決算月に支払ったからといって，短期前払費用（法基通2-2-14）として支払事業年度の損金にしていませんか。
> ⇒　広告契約は請負契約であるため短期前払費用の特例を受けることはできません。雑誌掲載広告やコマーシャル放送等の広告契約も同様です。
> ■　看板や店頭に展示する人形などを支出時の損金にしていませんか。
> ⇒　10万円以上のものについては，減価償却資産に該当します。
> ■　カタログや，パンフレットなどの印刷物で，期末現在未使用のものを広告宣伝費としていませんか。
> ⇒　貯蔵品として計上する必要があります。広告宣伝用の見本品についても，未使用分は，期末に貯蔵品として資産計上しなければなりません。期末日直前に支出している広告宣伝費は，必ず確認の対象になります。
> ■　特約店に贈与した看板，陳列棚，広告宣伝用自動車などを広告宣伝費としていませんか。
> ⇒　贈与した広告宣伝用資産の費用は，税務上の繰延資産に該当します。
> ■　ホームページで自社商品の検索機能をもたせるため，データベース機能を構築し，WEBサイトと連携しているような場合に，プログラ

ム部分を広告宣伝費処理していませんか。
> ⇒ ホームページの製作費用は一時の損金になりますが，WEBサイトが受注システムや検索機能と連携しているような場合は，プログラム部分は，ソフトウェアとして無形減価償却資産になります。

2-4　諸会費の取扱い

　同業者団体の通常会費については，原則支出年度の損金となりますが，受入側で多額の剰余金となっている場合は前払費用として処理します。それ以外の会費については支出時には前払費用としたうえで同業者団体が支出した時に費途に応じた処理をします。

　ゴルフクラブの年会費や年決めロッカー料は，入会金が資産として計上されている場合には交際費となり，その入会金が給与とされる場合は特定の役員または使用人に対する給与となります。レジャークラブの会費は利用目的によって交際費や福利厚生費，給与となります。

　ロータリークラブの会費も利用目的によって処理しますが，経常会費については交際費となり，それ以外の負担については支出目的に応じて寄附金または交際費となります。役員または使用人が負担すべきものであれば給与となります。

チェックポイント！

> ■ 業務の遂行上必要かどうかの確認を行っていますか。
> ⇒ ロータリークラブや社交団体の会費は，業務の遂行上必要でない場合や，会員たる役員が負担すべきものは給与となります。
> ■ 同業者団体の臨時会費については費途の確認を行っていますか。
> ⇒ 会館の取得等や会員相互の共済，懇親等，寄附などの費途に応じた処理が必要ですので案内書や明細などの資料の確認が必要です。

3　記載例

　販売業者であるA社は，製造業者であるB社から，B社の社名入りの車両（耐用年数4年）を35万円で購入した。
　この車両のB社における取得価額は，120万円だった。
　A社は，35万円を取得価額とし，減価償却費131,250円を計上している。
　7月に事業の用に供している。決算は3月。

貸借対照表		損益計算書	
車両運搬具	218,750	減価償却費	131,250

(経済的利益の判定)
120万円×2/3－35万円＝45万円＞30万円　∴経済的利益あり（45万円）

(減価償却費)
取得価額＝80万円＝35万円＋45万円
減価償却費の限度額＝30万円＝80万円×0.5（定率法償却率）×9ヵ月/12ヵ月

(別表調整額)
減価償却超過額＝281,250＝(131,250＋450,000)－300,000

> 会社が計上した減価償却費と受贈益相当額の合計額が，損金経理した金額となります。

別表四

区分		総額	処分	
			保留	社外流出
		①	②	③
加算	減価償却の償却超過額	281,250	281,250	

別表五(一)

区分	期首現在利益積立金額	当期の増減		差引翌期首現在利益積立金額 ①－②＋③
		減	増	
	①	②	③	④
車両運搬具			281,250	281,250

> **Column 2**　白井一馬先生について

　白井一馬先生は，元々は，大阪勉強会発祥の地である南森町に事務所を構えておられましたが，その後は，京都の西田辺に事務所を移されました。地元の関与先だけでなく，各地の関与先に対応しつつ，依頼があれば，フットワーク軽く，どこにでも出向いて研修講師を務めてくれます。

　白井先生は，一言で言えばファンタジスタです。「顧問税理士のための 相続・事業承継の実務に必要な視点60」などの著書は，アイディアに溢れています。ひらめき，発想勝負というところで，絶大な強みを持っています。

　反面，やる気スイッチが入るかどうかで，執筆速度が大きく変わるという弱点も持っており，編集Oさんを泣かせているとか，いないとか。

　また，白井先生は，大阪勉強会では，SNSをやっているメンバーが少ないのですが，数少ない発信者の一人です。最近は，ファッションにもかなり熱が入っているようで，SNSを見ると，極めている写真がいろいろ出てきます。SNSについたコメントに一番まめにレスをつけているのも白井先生だったりします。

　あとは，ご自宅でヤギを飼っており，ご家族が面倒を見なくなっても，ずっとご自身が面倒を見続けております。ヤギの「ひじき」くんは，我々の愛すべきマスコットキャラでもあります。

（濱田康宏）

17　保険料

1　制度のあらまし

　法人契約の定期保険と第三分野保険（医療保険・がん保険・長期損害保険）は令和元年7月に大きな改正が行われています。以前より問題となっていた法人保険による節税への対応であり、支払保険料の取扱いルールが大きく変更されています。改正後は、逓増定期保険や長期平準定期保険などの定期保険や第三分野保険については解約返戻率の大きさに応じて資産と損金の計上割合が定められています。

　なお、この取扱いは改正後新たに契約した保険に適用されるため、それ以前に契約した保険には廃止になった旧通達が適用されます。

2　解説とチェックポイント

2―1　定期保険・第三分野保険

　最高解約返戻率が50％を超える定期保険と第三分野保険は、最高解約返戻率を3つに区分し図表17―1のような取扱いになります（法基通9－3－5の2）。最高解約返戻率が50％以下の場合は期間の経過に応じて支払保険料を損金算入します。

　保険期間が長期（3年以上）にわたり支払保険料に相当多額の前払保険料が含まれる支払保険料については、前払部分を資産計上する期間とそれを据置く期間、取崩期間があることになります。

　たとえば最高解約返戻率が70％超85％以下の場合、保険期間の当初40％の期間は支払保険料の60％を資産計上し残りの40％を損金算入します。その後は支払保険料を全額損金算入する期間を経て（資産計上額は

据置き),保険期間の75%相当経過後から期間終了日までの期間は,支払保険料を全額損金算入するとともに資産計上額を均等に取り崩して損金算入することになります。

図表17―1　定期保険・第三分野保険の保険料の取扱い

区分	資産計上期間	資産計上額	取崩期間
最高解約返戻率50%超70%以下	保険期間の開始の日から,当該保険期間の100分の40相当期間を経過する日まで	当期分支払保険料の額に100分の40を乗じて計算した金額	保険期間の100分の75相当期間経過後から,保険期間の終了の日まで
最高解約返戻率70%超85%以下		当期分支払保険料の額に100分の60を乗じて計算した金額	
最高解約返戻率85%超	保険期間の開始の日から,最高解約返戻率となる期間(当該期間経過後の各期間において,その期間における解約返戻金相当額からその直前の期間における解約返戻金相当額を控除した金額を年換算保険料相当額で除した割合が100分の70を超える期間がある場合には,その超えることとなる期間)の終了の日まで (注)　上記の資産計上期間が5年未満となる場合には,保険期間の開始の日から,5年を経過する日まで(保険期間が10年未満の場合には,保険期間の開始の日から,当該保険期間の100分の50相当期間を経過する日まで)とする。	当期分支払保険料の額に最高解約返戻率の100分の70(保険期間の開始の日から,10年を経過する日までは,100分の90)を乗じて計算した金額	解約返戻金相当額が最も高い金額となる期間(資産計上期間がこの表の資産計上期間の欄に掲げる(注)に該当する場合には,当該(注)による資産計上期間)経過後から,保険期間の終了の日まで

なお，最高解約返戻率が70％以下の場合の特例として，被保険者1人当たりの年間保険料が30万円以下のものは期間の経過に応じて損金算入することが認められます。

図表17－1に該当しない定期保険・第三分野保険は，支払保険料に相当多額の前払保険料は含まれないと考え，保険料が平準化された保険について保険期間の経過に応じて損金算入することになります（法基通9－3－5）。短期前払費用特例の適用はできません。典型的には，保険期間が終身で払込期間が短期の医療保険が該当します。なお，保険期間が終身である第三分野保険については，保険期間の開始の日から被保険者の年齢が116歳に達する日までを保険期間とします。

ただし，解約返戻金がなく短期払（保険期間と払込期間が異なるものをいいます）の定期保険・第三分野保険のうちその事業年度に支払った保険料が30万円以下のものは支払時の損金算入が認められています（法基通9－3－5（注）2）。この取扱いは令和元年10月8日以後の契約分から適用されています。

受取人が被保険者または遺族となっている定期保険・第三分野保険のうち，特定の役員または使用人（これらの者の親族を含みます）が被保険者となっているものは，支払保険料をこれらの者への給与として取り扱います。

> チェックポイント！

- ■ 最高返戻率が50％以下の医療保険だからといって支払保険料を全て支出時に全額損金にしていませんか。
  ⇒ 全期払もしくは，解約返戻金がなく短期払で支払保険料が30万円以下のものを除き，原則として期間の経過に応じて損金算入する必要があります。
  【事例】解約返戻金なし，年間保険料60万円，被保険者は代表取締役（45歳），保険期間は終身で払込期間は15年の医療保険

（毎年の支払時の処理）
　　支払保険料　126千円　　/　　預金　　600千円
　　保険積立金　474千円　　/
　※　600千円×15年÷(116歳－45歳)＝126千円
（払込期間終了後，116歳になるまでの毎年の処理）
　　支払保険料　126千円　　/　　保険積立金　126千円

　事例のように保険期間が終身で払込期間が15年というように両者の期間が一致しないものは「短期払」に該当します（一致する場合は全期払）。この場合は要するに保険料総額9,000千円を116歳になるまでの71年間で毎年同額（126千円）計上することになります。

■　図表17－1に該当しない医療保険については保険料支払時に全額損金処理ができるかを検討していますか。
　⇒　保険期間満了まで保険料を払い込む「全期払」のものであれば，支払時に損金処理をすれば期間の経過に応じて損金の額に算入していることになります。

■　図表17－1に該当する定期保険について正しく処理していますか。
　⇒　期間に応じた処理が必要です。
【事例】年間保険料120万円，保険期間20年，最高解約返戻率75％の定期保険
① 保険期間の40％の期間（1年目～8年目）
　支払保険料の60％を資産（保険積立金）計上する期間
　　資産計上：72万円（120万円×60％）
　　損金算入：48万円（40％損金）
② ①と③の間の期間（9年目～15年目）
　資産計上額を据え置く期間
　　120万円全額を損金算入
③ 保険期間の75％経過後（16年目～20年目）
　資産計上額を均等に取り崩す期間
　　損金算入：235万円（120万円＋115万円）

■　満期返戻金のある長期損害保険の保険料全額を損金算入していませんか。
　⇒　保険期間が3年以上かつ保険期間満了後に満期返戻金を受け取る長期の損害保険契約は，支払保険料の額のうち積立保険料を資産計上し，それ以外は期間の経過に応じて損金算入する必要があります（法基通9－3－9）。

2－2　養老保険

　法人が，役員または使用人を被保険者にして，満期または被保険者の死亡によって保険金が支払われる養老保険の契約者として支払った保険料は，保険金の受取人に応じて以下のように区分されます。

　養老保険は貯蓄部分と掛捨て部分からなる保険だからです（法基通9-3-5）。

図表17－2　法人が契約者となる養老保険の取扱い

契約者	被保険者	保険金受取人		保険料の取扱い
^	^	満期保険金	死亡保険金	^
法人	役員または使用人	法人	法人	資産計上（保険積立金）
^	^	法人	被保険者の遺族	1/2⇒福利厚生費として損金（特定の役員・使用人の場合は給与） 1/2⇒資産計上（保険積立金）
^	^	被保険者	被保険者の遺族	役員給与または使用人給与

> **チェックポイント！**
>
> ■　保険の契約内容を保険証券等で確認しましたか。
> 　⇒　課税処理を正しく行うためには必ず内容の確認が必要です。税務調査では保険内容が確認できる資料のコピーが求められます。

Column 3　岡野訓先生について

　岡野訓先生は，金融機関から税理士を目指した転職組ですが，税理士試験を受ける資金を貯めるために金融機関を辞めて，稼げる肉体労働で学費・生活費を稼いで受験したという経歴の持ち主です。

　一言で言えば，頭がよく，大阪勉強会でカミソリと言えば，岡野先生か，村木慎吾先生だというのが，私の中では定説になっています。また，発想が非常に柔軟で，凝り固まった発想はありません。

　にもかかわらず，条文解釈の緻密さもまた定評があるところで，濱田の粗い解釈が岡野先生のツッコミでひっくり返ることはしばしばです。まぁ，比較対象に問題があるという説は否定しません。

　ちなみに，岡野先生は，元々は熊本中心で事務所を発展させていたのですが，熊本震災を契機に，事務所を更に拡大させ，福岡・鹿児島・熊本にまたがる大規模法人を育てあげるに至りました。ピンチを逆にチャンスに変えるところが流石だなと思います。

　ところで，岡野先生は，肉体を鍛えることにも余念がなく，ボディビルの大会で上位入賞を果たしたこともあるのだとか。あれだけ忙しいのに，どうして鍛えられるのか。贅肉と日々戦う身には不思議というか，羨ましくてたまりません。

　ただ，岡野先生の一番の素晴らしさは，能力もさることながら，人格です。気遣いの人でもあり，だからこそ営業で数字が伸ばせるのだろうなと，いつも尊敬しています。憧れても，絶対に追いつけない人，それが岡野先生です。

(濱田康宏)

18 短期前払費用

1 制度のあらまし

前払費用とは，法人が一定の契約により継続的に役務の提供を受けるために支出した費用のうち，その事業年度終了の時においてまだ提供を受けていない役務に対応するものをいい，次のようなものが該当します。

> 家賃・地代・賃借料・リース料・保険料・支払利息・手形割引料・信用保証料などの前払いや未経過分

前払費用は，原則として，支出した時に資産計上し，役務の提供を受けた時に損金の額に算入することになります。

一方，法人が，この前払費用の額で，その支払った日から1年以内に提供を受ける役務に係るものを支払い，その支払った金額を継続してその事業年度の損金の額に算入している場合には短期前払費用の特例を適用できます（法基通2-2-14）。

2 解説とチェックポイント

上記のような短期前払費用の取扱いは，企業会計上は重要性の原則に基づく経理処理ということになりますが，税務上もこれと平仄を合わせていると理解できます。前払費用に係る税務処理が，「重要性の原則」で認められた範囲を逸脱していないかどうかの判断については，支出された前払費用の金額だけでなく，その法人の財務内容に占める割合や影響度合い等も含めて総合的に判断する必要があります。

平成17年12月15日裁決では，パチンコ業を営むA社が別会社に支払っ

た「業務委託報酬」について，A社の損益計算に大きな影響を及ぼしているとして，短期前払費用の特例が認められませんでした。この裁決事例では，「業務委託報酬」の金額が，販売費及び一般管理費の，実に3割から5割を占めるに至っていました。

また，借入金を預金や有価証券などに運用する場合のその借入金の支払利息のように，収益と対応させる必要があるものについては，たとえ1年以内の短期前払費用であっても，支払時点で損金の額に算入することは認められません。

> **チェックポイント！**
>
> ■ 自賠責保険は1年を超えるため，短期前払費用扱いできないと思っていませんか。
> ⇒ 自賠責保険は，すべての車両保有者にその加入が義務付けられ，またその加入がないと車検を受けることができません。任意保険とは違い，車両を利用するために必要不可欠なもので，一種の租税公課的な性格を有しています。そこで，自賠責保険料について，実務上は一般に，継続適用を要件として支払日の事業年度の損金の額に算入しているときは，これが認められているようです。

2−1　短期前払費用の範囲

一定の時期に特定のサービスを受けるために事前に支払いをした対価や，備品・消耗品の購入のための前払いは，前払費用ではなく前払金となり，通達の適用はありません。

また，開業費など，すでに提供を受けたサービスの効果が将来におよぶために費用計上を繰り延べる，いわゆる繰延資産も通達の射程外です。

> **チェックポイント！**
>
> ■ 給与や顧問料, 翌期のテレビ放映料を短期前払費用としていませんか。
> ⇒ 一定の時期に特定のサービスを受けるために支払った対価は, 等質等量のサービスの提供にはあたらないため, 前払費用ではなく前払金となります。
> ■ 工場の家賃や火災保険料など売上原価となる経費を短期前払費用としていませんか。
> ⇒ 売上原価となる経費など収益と対応させる必要があるものは, 1年以内の短期前払費用であっても, 支払時点で損金の額に算入することは認められません。

2－2 支払った日から1年以内とは

短期前払費用の定義については, 上記の通達により「その支払った日から1年以内に提供を受ける役務に係るもの」と定められています。したがって, 3月決算法人が, 翌事業年度の4月1日から3月31日までの家賃を3月中に前払いするような場合には, 支払ってから1年以内に役務提供が完了しないため, 通達の適用は受けられないことになります。

しかしながら, 支払った日から1年以内に役務提供を受ける前払費用については, 企業会計上の重要性の原則にならって, 例外的に支払った日の属する事業年度で損金算入することを通達で認めたものです。そのような通達の趣旨を考えるならば, その取扱いを機械的に行う必要はなく, 期間対応の計算を省略しても税務上の弊害がないと認められる場合には, その支払った日の属する事業年度に全額損金算入しても問題がないものと考えられます。

> **チェックポイント！**
>
> ■ 役務の提供が1年を超える場合に, 支払った日から1年以内の役務提供に係る費用を損金に計上し, 残りを資産計上していませんか。

⇒ 向こう1年超にわたる役務提供に係る前払費用を支払った場合，直近の1年分のみを短期前払費用として取り出して一括損金計上できるわけではありません。期末日以後の期間に係る分は，前払費用としてその全額が資産計上とされます。

2—3 「支払った場合」とは

　短期前払費用に該当するには，費用の額を支払ったことが条件となります。したがって，対価を支払っていない場合に未払計上して損金とすることは認められません。ただし，支払手段として，手形や小切手を振り出した場合には，上記通達でいう「支払った場合」に該当すると考えられます。

チェックポイント！

■　クレジットカードで支払った場合でも短期前払費用は損金計上が可能なことを理解していますか。
⇒　手形や小切手と同様，支払手段の1つであるため，通達でいう「支払った場合」に該当すると考えられます。

2—4 継続適用その他

　短期前払費用の通達は，利益操作を防止する観点から，事業年度によって年払いにしたり，月払いにしたりと毎期支払方法を変更することを認めていません。

チェックポイント！

■　本通達は原価項目には使えないことを理解していますか。
⇒　本通達は第2節第2款（販売費及び一般管理費等）にあり，原価項目は第1款（売上原価等）となることから，短期前払費用通達の

3 記載例

＜3月決算法人が，駐車場代を1年分前払した例＞

地代家賃等の内訳書

地代・家賃の区分	借地(借家)物件の用途 所 在 地	登録番号 (法人番号)	貸主の名称(氏名) 貸主の所在地(住所)	支払対象期間 支払賃借料	摘 要
家 賃	店舗 ××市		△△ ××市	R6 4 1 ～ R7 3 31 2,400,000	
地 代	駐車場 ××市		△△ ××市	R7 3 1 ～ R8 2 28 120,000	法基通 2-2-14
	地代家賃 計				

前期と金額が変わっている場合には，継続処理が行われているかどうかを確認しましたか。

支払対象期間が支払日から1年以内になっているか確認していますか。

Column 4　内藤忠大先生について

　内藤忠大先生は，元大原簿記学校所得税法講師という肩書に恥じず，大阪勉強会内で，所得税の話があれば，常に「内藤先生に聞かなきゃ！」となる，絶対的守護神です。豊橋方面に足を向けて眠れない思いをしたのは，私だけではないはず。

　近年では，「難しい税法条文の事業承継税制編」については，内藤先生の力による部分が大半でした。いや，あの複雑な税制は，普通の税理士であれば，追いかけるだけで疲れ果ててしまいますが，内藤先生は，措置法一般措置・特例措置・円滑化法を縦横無尽に解明しまくります。

　その秘訣の1つは，卓越したパソコン処理能力にあるのは間違いないでしょう。別のコラムで紹介しますが，e-govの法律条文をカラー化して読みやすくする「条文調理師」をご自身で開発して，提供されています。実際には，いろいろと業務の中でも，そのプログラミング能力を活用して，合理化されているようです。皆，内藤先生のIT能力の万分の一でもあればと羨む存在。それが内藤先生です。

　そして，内藤先生のもう1つの大きな特徴は，バランス感覚です。単に条文を読んでこうなるという論理的な判断をするだけではなく，この場合にはこうなるはずだ，という均衡感覚が非常に優れているのが，内藤先生の素晴らしさです。

　だから，トンデモな条文の読み方をするなんてことはまずありません。内藤先生を見ると，オーソドックスが最強という言葉を思い浮かべます。ただ，最近，父親業が大変忙しく，肉体的な疲労が気になります。ご家族にとって良きパパであるのは間違いないのですが，ご自身もどうかご自愛いただきたいなと。

（濱田康宏）

19 有価証券

1 制度のあらまし

　法人税法では，有価証券の譲渡損益の取扱いを法人税法22条の別段の定めとし，その計算の基礎となる有価証券の範囲，取得価額，譲渡損益の額の計算および評価損の損金算入について規定しています。

　有価証券については，平成12年に大きな改正が行われており，有価証券を譲渡した場合の譲渡原価等の計算および評価の方法，事業年度末に有する売買目的有価証券の時価評価，事業年度末に有する未決済デリバティブ取引のみなし決済損益相当額の損金または益金の額への算入等につき法令の整備が行われています。

2 解説とチェックポイント

2－1 譲渡損益の計上時期と計算方法

（1）譲渡損益の計上時期

　有価証券の譲渡損益は，その譲渡に係る契約をした日の属する事業年度の益金の額または損金の額に算入することとされています（法法61の2①）。次頁の表に掲げる場合には，それぞれに掲げる日に譲渡損益の額を計上することになります。

（2）有価証券の譲渡損益の額

　有価証券の譲渡損益の額は，譲渡対価の額から譲渡原価の額を差し引いて計算しますが，この譲渡原価の額は，有価証券1単位当たりの帳簿価額に譲渡をした有価証券の数を乗じた金額となります（法法61の2①二）。また，譲渡対価の額にみなし配当の金額がある場合には，そのみ

取引形態	譲渡損益の計上日
証券会社等へ媒介等を委託している場合	取引（売却）成立日
相対取引の場合	相対取引の約定日
その法人の有していた株式を発行した法人の合併	合併の効力を生ずる日
その法人の有していた株式を発行した法人の分割型分割	分割の効力を生ずる日
株式交換または株式移転	株式交換の効力を生ずる日または株式移転完全親法人の設立登記の日
株式交付の場合	株式交付の効力を生ずる日

（法基通2-1-22，1-4-1）

なし配当の金額を控除した金額が譲渡対価の額とされます。

（3）有価証券の1単位当たりの帳簿価額

　有価証券の1単位当たりの帳簿価額は，売買目的有価証券，満期保有目的等有価証券およびその他有価証券の区分ごとに，かつ，その銘柄を同じくするものごとに，移動平均法または総平均法により算出します（法令119の2①②）。

チェックポイント！

- ■　有価証券を売却した直後に同一の有価証券を購入した場合に，その売却先から売却をした有価証券の買戻しまたは再購入をする同時の契約があるにもかかわらず，売却した有価証券の譲渡損益を計上していませんか。
  - ⇒　売却をした有価証券のうち，買戻し，または再購入をした部分は，その売却がなかったものとして取り扱われます（法基通2-1-23の4）。
- ■　1単位当たりの帳簿価額は，税務署へ届け出た評価方法によっていますか。
  - ⇒　当初取得日の申告書の提出期限までに有価証券の区分および種類が同じものごとに移動平均法か総平均法のいずれかを届け出なけれ

ばなりません（法令119の２・119の５）。
　　なお，届出がない場合の法定評価方法は，移動平均法です（法令119の７①）。

２－２　有価証券の時価評価損益等
（１）売買目的有価証券の期末評価額
　内国法人が，事業年度終了の時に有する売買目的有価証券については，時価法により評価した金額をもって，事業年度終了の時における評価額とします（法法61の３①一）。
（２）売買目的外有価証券
　内国法人が，事業年度終了の時に有する売買目的外有価証券については，原価法により評価した金額をもって，事業年度終了の時における評価額とします（法法61の３①二）。

> **チェックポイント！**
>
> ■　売買目的外有価証券について，評価損を計上できる事実がないのに期末時価で評価していませんか。
> 　⇒　売買目的外有価証券は，評価損を計上できる事実がない場合には，原価法により評価します。
> ■　自己株式を有価証券として資産に計上していませんか。
> 　⇒　平成18年度の改正で，資本金等の額と利益積立金額を減額することとされました。また，自己株式を取得する際の付随費用は，その時の損金の額に算入されます。

２－３　有価証券の評価損
　法人が，その有する有価証券の評価換えをしてその帳簿価額を減額した場合には，その減額した部分の金額は，原則として損金の額に算入されません（法法33①）。ただし，その資産につき，一定の事実が生じた

ことにより資産の評価換えをして損金経理により帳簿価額を減額したときは、例外的に損金算入が認められます（法法33②，法令68①二，法基通9－1－7～9－1－9）。

> **チェックポイント！**
>
> ■ 事業年度終了後にその上場株式の株価が上昇していることから、その上場株式の有価証券評価損の計上ができないと判断していませんか。
> ⇒ 上場有価証券が近い将来その価額の回復が見込まれるかどうかの判断は、事業年度終了の時に行うので、その後の株価の上昇により左右されるものではありません。
> 　この点は、国税庁の「上場有価証券の評価損に関するQ&A」（平成21年4月）において、「翌事業年度以降に株価の上昇などの状況の変化があったとしても、そのような事後的な事情は、当事業年度末の株価の回復可能性の判断に影響を及ぼすものではなく、当事業年度に評価損として損金算入した処理を遡って是正する必要はありません。」（Q3）と明記されています。

3 記載例

有価証券の内訳書

区分 種類 銘柄	期末現在高		期中増(減)の明細				摘要
	数量	金額	異動年月日 異動事由	数量	金額	売却(買入)先の名称(氏名) 売却(買入)先の所在地(住所)	
満期 〇〇物産	株 250	1,250,000					関係会社
売買 △△商事	株 820	4,920,000	R6 3 31 評価換		410,000		売買目的有価証券について、時価法により評価
その他 ××企業	株 100	100,000	R6 3 31 評価換		-3,900,000		売買目的外有価証券について、評価損を計上できる事実が生じた場合
計		6,270,000			-3,490,000		

20 売買目的有価証券

1 制度のあらまし

　平成12年度税制改正により，有価証券の評価は，時価法による売買目的有価証券と原価法による売買目的外有価証券とに区分することが定められました（法法61の3①）。
　売買目的有価証券（同一）とは，短期的な価格の変動を利用して利益を得る目的で取得した有価証券として政令（法令119の12）で定めるものとされています。

2 解説とチェックポイント

2—1 売買目的有価証券の定義と区分

　売買目的有価証券は，内容的には，通常，専担者売買有価証券および法人が選択したものの2通りに分かれます（法令119の12①一）。中小企業であっても，選択すれば売買目的有価証券としての処理が可能になりますが，時価評価をやめたくなっても決済が終わるまでは，事実上逃げられないため，選択時には注意が必要になります。

① 専担者売買有価証券
　　内国法人が取得した有価証券のうち，短期的な価格の変動を利用して利益を得る目的つまり短期売買目的で行う取引に専ら従事する者が短期売買目的でその取得の取引を行ったもの

② 法人が売買目的有価証券であることを選択したもの（①を除く）
　　その取得の日において短期売買目的で取得したものである旨を財務省令で定めるところにより帳簿書類に記載したもの

> **チェックポイント！**
>
> - 専担者売買有価証券の意義を理解していますか。
>   ⇒ いわゆるトレーディング目的で取得した有価証券であり，基本的には，法人が，特定の取引勘定を設けて当該有価証券の売買を行い，かつ，トレーディング業務を日常的に遂行し得る人材から構成された独立の専門部署あるいは関係会社により運用がされている場合を指します（法基通2-3-26）。
> - 法人が売買有価証券として選択したものは，期中での区分が必須であり，期末段階のみでの選択が許されないことを理解していますか。
>   ⇒ 短期的に売買し，または大量に売買を行っていると認められる場合の有価証券であっても，法人税法施行規則27条の5第1項の規定に基づき区分していないものは，売買目的有価証券に該当しません。その有価証券の取得の日に売買目的有価証券に係る勘定科目により区分していることが要求されています（法基通2-3-27）。
> - 売買目的有価証券と売買目的外有価証券との区分が適正に行われていますか。
>   ⇒ 法人が売買目的有価証券であることを選択した場合には，仕訳・帳簿においてその旨が表示されていることが必要とされています。実務的には，仕訳・帳簿・決算書・勘定内訳書などで整合性を持った処理がなされていることが必要になります。

2—2 期末時価評価

売買目的有価証券は，事業年度終了時において，銘柄別に区分して時価評価を行うことになります（法法61の3①一）。

> **チェックポイント！**
>
> - 毎期時価が洗替えされていますか。
>   ⇒ 期末直前で時価が急上昇したとしても，売買目的有価証券を選定する以上期末における時価評価を避けることはできません。選定するのであれば，後日トラブルにならないように，事前に十分関与先の理解を求めておく必要があります。
> - 上場株式あるいは店頭取引株式の期末時価は，最終の売買価格を用

いているか確認していますか。
⇒ 公表された同日における最終の売買価格がない場合には，公表されているその日の最終気配相場価格とします。最終の売買価格・最終の気配相場価格のいずれもない場合には，期末前の最終の売買価格または最終の気配相場価格を基礎とした合理的な方法により計算した金額を用います（法令119の13①一・二）。それら以外で価格が公表されているものも，それに準じます（同三，四）。

2－3　区分変更

　売買目的有価証券については，売買目的外有価証券への保有目的変更を行うことで時価評価を避ける誘因が常につきまといます。これを排除するため，有価証券の区分変更が行われた場合には，みなし譲渡があったものとされます（法法61の2㉒，法令119の11）。中小企業の場合，売買目的有価証券を選択する際には，出口の処理を予め想定しておくことが重要でしょう。

＜有価証券の区分＞

売買目的有価証券		
売買目的外有価証券	満期保有目的等有価証券	償還期限の定めのある一定の有価証券
		企業支配株式（20％以上）
	その他有価証券	

チェックポイント！

■　売買目的有価証券につき，有価証券の売買を行う業務の全部を廃止した場合，みなし譲渡があったとされることを理解していますか。
⇒ 時価によるみなし譲渡があったものとして取り扱われた上で，あらためて時価により，満期保有目的等有価証券あるいはその他有価証券として取得したものとして扱われることになります。
■　単に，保有する売買目的有価証券の売却を行わないこととしたことをもって，短期売買目的業務の全部を廃止として扱われるものと誤解

していませんか。
⇒ ここでの全部廃止とは、反復継続して行う有価証券の売買を主たる業務としてまたは従たる業務として営んでいる法人が、その業務を行っている事業所、部署等の撤収、廃止等をし、当該法人が当該業務そのものを行わないこととしたことを指します（法基通2-1-23の2）。一旦選定した後は、経営者の主観による評価選択ができないように設計されています。

■ 売買目的有価証券が企業支配株式になる場合にも、みなし譲渡があることを確認していますか。
⇒ 売買目的有価証券につき、対象法人につき、同族関係者等とグループで発行済株式20％以上を保有することになる場合（法令119の2②二）、企業支配株式となり、みなし譲渡により時価評価損益を計上した上で、あらためて時価により満期保有目的等有価証券を取得したものとして扱われます。

3 記載例

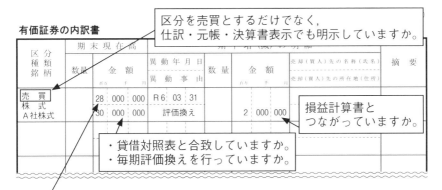

(注) 1. 区分には、「売買目的有価証券」、「満期保有目的等有価証券」又は「その他有価証券」の別に「売買」、「満期」又は「その他」を記入してください。
　　なお、記載口数が100口を超える場合には、期末現在高の多額なものから100口についてのみ記入しても差し支えありません。
2. 売買目的有価証券に属する有価証券については、「期末現在高」欄の上欄に時価評価前の帳簿価額を記入し、下欄にその時価評価した後の金額を記入し、それ以外のものについては、下欄に帳簿価額を記入してください。
　　また、「計」欄には、下欄の合計を記入してください。
3. 「期中増（減）の明細」の各欄は、期末現在高がないものであっても期中において「売却」、「買入」、「増資払込」、「評価換」等を行った場合に記入してください。
4. 証券会社等を通じて売却又は買入をした場合は、その証券会社名等を「売却（買入）先の名称（氏名）」欄に記入してください。
5. 「摘要」欄には、関係会社のものであるときはその旨を記入してください。

21 デリバティブ

1 制度のあらまし

　平成12年度税制改正により，期末未決済デリバティブ取引につき，決済したものとみなして生じる利益または損失の額相当額を，洗替方式により益金または損金の額に算入することとされました（法法61の5）。これは，企業会計における金融商品会計基準の導入を契機として，可能な限り企業会計との調和を図りつつ，当時横行していた租税回避的な利益調整行為の根絶を意図したものでした。

　ただし，企業会計との調和の観点からも，一定の損失リスク限定のための保全行為であるヘッジ取引による例外を認めました。ただし，税法が認めるヘッジ取引の範囲は狭く限定されている点に注意が必要です。

図表21－1　デリバティブとは

株式や国債など原資産に対する金融派生商品のことをいいます。

図表21－2　デリバティブの基本手法

［1］先物・先渡取引＝予め一定の価格で取引することを契約する取引
［2］スワップ　　　＝予め等しい価値同士のものを交換する取引
［3］オプション　　＝予め一定価格で取引する権利を購入または売却する取引

2　解説とチェックポイント

2－1　期末未決済デリバティブ取引

デリバティブ取引には様々なものがあります（法規27の7）。

> **チェックポイント！**
>
> ■　期末未決済デリバティブ取引に係る損益を計上していないものがありませんか。
> ⇒　期末において決済したものとみなして算出した利益の額あるいは損失の額に相当する金額を益金の額または損金の額に算入します。
> 　　なお，この益金の額または損金の額は，翌期において戻入れを行い，洗替方式により毎期末でデリバティブ取引に係る契約の時価評価を行うこととなります。
> 　　通常デリバティブ取引はオフバランス項目であり，決済時まで内容を把握することが困難であることが少なくありませんが，財務部門の稟議書などの閲覧により把握される場合があります。
> ■　デリバティブ取引により金銭以外の資産を取得していませんか。
> ⇒　繰延ヘッジの適用を受ける場合を除き，現物資産を取得する場合には，取得時における取得資産の時価を付すことになります。現物資産の時価とデリバティブ取引に係る契約に基づきその資産取得の対価として交付した額との差額を，取得日の属する事業年度の益金の額または損金の額に算入します。

2－2　繰延ヘッジ損益

　資産負債の時価変動あるいは収受予定のあるキャッシュフロー額の変動により生じるおそれのある損失額を減少させるためにデリバティブ取引を行うことを，ヘッジ取引と言います。法人税法では，デリバティブ取引の時価評価を行うことを原則としつつも，一定の場合に，ヘッジ取引として，時価評価を行わないこと（繰延ヘッジ処理）を認めました（法法61の6）。

> **チェックポイント！**
>
> ■ ヘッジ目的でデリバティブ取引を行った旨およびヘッジ対象資産等ならびにデリバティブ取引等の明細をその都度記帳していますか。
> ⇒ ヘッジ目的の記帳要件を満たさなければ、繰延処理できません。
> ■ ヘッジ目的である旨の内容が明確化されていますか。
> ⇒ 金融機関による提案で、「ヘッジ目的」との触れ込みで通貨スワップ締結を行い、毎月×万ドルずつの購入を×年間継続する事例があるようです。主として輸入企業向けで、輸入によるドル支払いが将来の円安により膨らむのを懸念した企業向けに販売しています。ところが、よく話を聞いてみると、実需に全く対応していない事案もあるようです。このような事案では、「ヘッジ」の説明が事後的に難しいのはもちろん、事前的にも困難という事態もあり得ます。
> ■ 事業年度終了の時までにヘッジ対象資産の譲渡等がなく、ヘッジが有効であると認められる場合に該当するかを確認していますか。
> ⇒ 事前にヘッジ目的であれば繰延ヘッジ処理が認められるわけではなく、有効性判定が事後的に行われ、ヘッジとして有効に機能していなければ、繰延処理はできません。
> ■ オプション取引における繰延ヘッジ処理を法令121条の3の2により有効性判定するには、届出書を確定申告期限までに提出する必要があることを理解していますか。
> ⇒ この届出書を提出しなかった場合、法令121条の2の規定により、そのオプション取引によるヘッジが有効と認められるときを除き、税務上の繰延ヘッジ処理は認められません。ヘッジ手段であるオプション取引に係るみなし決済損益額を益金の額または損金の額に算入することになります（法法61の6①、法令121の2）。

2－3 時価ヘッジ処理

　時価変動等により生ずるおそれのある損失の額を減少させるため、いわば逆向きのデリバティブ取引を同じタイミングで行うことで、ヘッジを行う方法があります。これを時価ヘッジと呼びます。法人税法では、売買目的外有価証券の時価変動によって生ずるおそれのある損失あるいは、発生時換算法による売買目的外外貨建有価証券の外国為替の売買相場変動によって生ずるおそれのある損失の額を減少させるために限り、

これを認めています（法法61の7）。

> **チェックポイント！**
>
> ■ ヘッジ目的でデリバティブ取引を行った旨および売買目的外有価証券を時価評価する旨ならびに売買目的外有価証券およびデリバティブ取引等の明細をその都度記帳していますか。
>   ⇒ ヘッジ目的の記帳要件を満たさなければ，繰延処理できません。
> ■ 事業年度終了の時までにヘッジ対象資産である売買目的外有価証券の譲渡等がなく，ヘッジが有効であると認められる場合に該当するかを確認していますか。
>   ⇒ 事前にヘッジ目的であれば時価ヘッジ処理が認められるわけではなく，有効性判定が事後的に行われ，ヘッジとして有効に機能していなければ，時価ヘッジ処理はできません。

3 記載例

【別表四】

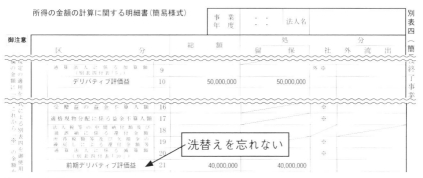

【別表五(一)】

22 暗号資産・NFT

1 制度のあらまし

　ビットコインに代表される暗号資産（旧仮想通貨）は，ここ数年で大きな話題になり，平成28年ごろから利用者が急激に増えています。そこで，国税庁では平成30年4月以降「仮想通貨取引等に係る申告等の環境整備に関する研究会」を開催し，国税当局に問合せ等のあった事項をまとめた「仮想通貨関係FAQ」を公表しています。そのQ&Aは，繰り返し更新が続けられ，令和5年12月25日に公表された「暗号資産に関する税務上の取扱いについて（情報）」が最新版となっています。

　その他にも，「NFTに関する税務上の取扱いについて（情報）」が令和5年1月13日に公表され，令和5年度および令和6年度でも改正が続くなど，いまだに取扱いに変更が生じているのが，暗号資産の特徴です。

2 解説とチェックポイント

（1）原則的な取扱い

　そもそも，暗号資産とは，法人税法61条において「資金決済に関する法律第2条第14項（定義）に規定する暗号資産」と定義され，次の性質を持つものをいいます。

① 不特定の者に対して，代金の支払い等に使用でき，かつ，法定通貨（日本円や米国ドル等）と相互に交換できる

② 電子的に記録され，移転できる

③ 法定通貨または法定通貨建ての資産（プリペイドカード等）ではない

また，法人税法61条において，短期売買商品等に含められていることから，税務上の原則的な取扱いは金などと同じと整理できます。例えば，期末に保有している暗号資産は，時価評価をするなどの取扱いです。

> **チェックポイント！**
>
> ■ 暗号資産について決算期末で時価評価が必要であることを失念していませんか。
> ⇒ あくまで短期売買商品等であることから，金などと同じ取扱いを基本としています。

（2）特徴的な取扱い

　暗号資産は，発行時や保有時などで，それぞれ金などの金融商品とは異なる手続きが生じます。暗号資産に特有な処理として，以下のようなものがあります。

① 分裂（分岐）した場合

　暗号資産は，デジタルデータであるため，その根幹技術であるブロックチェーンの仕様変更をした際に，「従来の通貨」と「新しい通貨」の2つに分かれることがあります。これを暗号資産の分裂といいます。この分裂により取得した通貨は，まだ取引相場が存在していないと考えられるため，新たに取得した通貨の取得価額は0円となります（暗号資産に関する税務上の取扱いについて（情報）問1─5）。

② 成功報酬として暗号資産が新規に発行された場合

　暗号資産では，一定の作業に協力し，その成功報酬として新規に暗号資産を得ることがあります。マイニング，ステーキング，レンディングなどがその代表例です。

　その取得した暗号資産の時価相当額は，益金として計上されます（暗

号資産に関する税務上の取扱いについて（情報）問1―6）。

③ 信用取引に係るみなし決済

　暗号資産も，有価証券と同じように交換業者から信用の供与を受けて信用取引を行うことが可能です。事業年度末において未決済となっている信用取引については，事業年度末において決済したものとみなして，含み損益を計上します（暗号資産に関する税務上の取扱いについて（情報）問3―1―13）。なお，暗号資産交換業者以外の者から，借り入れた暗号資産を譲渡し，事業年度末までに買戻しをしていない場合には，期末で買戻しをしたものとみなして，含み損益を計上する必要があります（法法61⑦）。

④ 期末時価評価の特例

　法人が事業年度末において有する暗号資産（活発な市場が存在するものに限ります）は，短期売買商品等であることから，事業年度末において時価評価をする必要があります。ただし，内国法人が自己発行した譲渡制限が付いている暗号資産で，その発行から継続して保有するものは，時価評価が不要とされています。

　なお，令和6年度税制改正では，発行者以外の第三者が継続的に保有する市場暗号資産についても，一定の要件の下，期末時価評価課税の対象外とする見直しが行われています。期末における評価額を原価法あるいは時価法による旨の届出を可能とする措置が行われ，有価証券における売買目的有価証券の処理に準じた扱いが可能になります。

> **チェックポイント！**
>
> ■ 暗号資産には，分裂など暗号資産特有の事象があることを理解していますか。
> ⇒ 暗号資産特有の事象ごとに，それぞれ税務上の取扱いが設けられています。

(3) NFTに関する税務上の取扱い

　NFT（Non-Fungible Token）とは，ブロックチェーン上で，デジタルデータに唯一の性質を付与して真贋性を担保する機能や，取引履歴を追跡できる機能をもつトークン（デジタル権利証）をいいます。近年では，アート作品や音楽などのデジタル資産が増加していますが，これらに紐付けられたデジタル権利証が代表例です。

　NFTに関しては，デジタルですが金銭的価値のある資産ですので，税務上も，基本的には，通常の資産と同じ取扱いだと理解しておけばよいと思います。

　なお，具体的な取扱いは，令和5年1月13日に国税庁より「NFTに関する税務上の取扱いについて（FAQ）」が公表されています。

> **チェックポイント！**
>
> ■ NFTなどのデジタル資産は，暗号資産同様，期末時価評価が必要と考えていませんか。
> ⇒ 暗号資産と違って，NFTなどのデジタル資産は，通常の資産と同じ取扱いです。

23 外貨建取引

1 制度のあらまし

　平成12年度税制改正により，外貨建取引を行った場合には，その行った時の外国為替の売買相場により円換算することとされました（法法61の8①）。期末時換算法により換算した額と帳簿価額との差額は，洗替方式により益金あるいは損金の額に算入されます（法法61の9②）。あわせて，長期外貨建債権債務について届出により期末時換算法の適用が認められ，外貨建有価証券の換算規定が通達から条文化されました。

　また，先物為替契約等により外貨建資産等の円換算額を確定させ（法法61の8②），契約締結日に円換算額を確定させた旨と先物為替契約等の明細等とを帳簿書類に記載した場合には，外貨建資産等を契約相場で換算し，生じた為替予約差額を外貨建資産等の決済日の属する事業年度までの各期で期間配分により益金あるいは損金の額に算入します（法法61の10①）。

　ただし，この為替予約差額の期間配分処理には例外規定があり，短期外貨建資産等に該当すれば，外国通貨の種類を異にする場合でも，届出により，為替予約差額を一括計上できます（法法61の10③，法令122の10②）。

2 解説とチェックポイント

2−1 外貨建取引の円換算

　先物外国為替契約のある場合とない場合とで，換算方法が異なります。

> **チェックポイント！**
>
> ■ 先物外国為替契約の有無を確認していますか。
> ⇒ 先物外国為替契約がない場合，外貨建取引の円換算額は，外貨建取引を行った時における外国為替の売買相場により換算します（法法61の8①）。先物外国為替契約がある場合，外貨建取引等で取得あるいは発生する資産または負債の金額の円換算額を先物外国為替契約により確定させ，その契約締結日においてその旨を帳簿書類に記載する場合には，その円換算額を用います（法法61の8②）。
> ■ 為替予約がヘッジ要件を満たさなければ，巨額の時価評価課税が生じ得ることを理解していますか。
> ⇒ アベノミクスで大幅な円高になった際に，為替予約の期末時価評価漏れで巨額の追徴を課された例がありました（「為替予約等の含み益を十億超計上漏れ」T&Amaster2015年4月13日号）。手前の円安期に評価損計上していなかったので，円高時に青色欠損金の利用ができず，取られ損で終わった例が多いとも聞きます。現在の円安局面がいずれ円高になった際，同様の問題が生じる危険性を懸念します。

2－2 期末外貨建資産等の円換算

法人が各事業年度末に有する外貨建資産等については，円換算額に換算する方法を次の区分別に選定することができます（法法61の9①）。

外貨建資産等の区分			換算方法
外貨建債権債務	短期外貨建債権債務		発生時換算法または<u>期末時換算法</u>
	上記以外のもの		<u>発生時換算法</u>または期末時換算法
外貨建有価証券	売買目的有価証券		期末時換算法
	売買目的外有価証券	償還期限および償還金額の定めのあるもの	<u>発生時換算法</u>または期末時換算法
		上記以外のもの	発生時換算法
外貨預金	短期外貨預金		発生時換算法または<u>期末時換算法</u>
	上記以外のもの		<u>発生時換算法</u>または期末時換算法
外国通貨			期末時換算法

※ アンダーラインは，換算方法に関する届出がない場合の換算方法を示します。

> **チェックポイント！**
>
> ■ 外貨建円払いのものを外貨建取引として換算していませんか。
> ⇒ 外国通貨で表示されていても，円貨で支払いが行われることになっている取引は，外貨建取引には含まれません（法基通13の2-1-1）。
> ■ 同一通貨の債権債務につき異なった換算方法によっていませんか。
> ⇒ 同一通貨の換算方法は統一する必要がありますが，外国通貨の種類の異なるごとに換算方法を選定できます（法令122の4①）。
> ■ 先物外国為替契約のある外貨建資産等について，発生時換算法または期末時換算法による円換算額としていませんか。
> ⇒ 換算額が契約により確定していることから，期末換算を行いません。
> ■ 資産の売買代金の前渡金や前受金を期末換算の対象としていませんか。
> ⇒ 外国通貨で支払いを受けるあるいは行うべき債権・債務に該当しません（法基通13の2-2-1）。また，収益費用への振替は簿価でよく，改めて収益費用計上日における円換算は不要とされています（法基通13の2-1-5）。
> ■ 原則的な法定評価方法では，外貨建長期貸付金・長期借入金についても，1年内返済予定分は期末時換算法による評価換えを行う必要があることを理解していますか。
> ⇒ 「ヤマダ電機，40億円申告漏れ　子会社への貸付金巡り（朝日新聞）2018年1月26日05時00分」との報道事例がありました。ヤマダ電機は，1年内返済予定の外貨建貸付金について，貸付時レートのままで評価換えを行ってなかったようです。中小企業では，そもそも貸付金・借入金について，1年内返済予定分の振替を行っていない場合がありますが，この報道を踏まえると危険です。

2-3　外貨建取引の換算方法の選定・変更

　外貨建資産等の取得または発生の起因となる外貨建取引を行った場合，その取引を行った事業年度の確定申告期限までに，次の区分別に換算方法を選定して所轄税務署に届出をする必要があります（法令122の4・122の5）。

- 短期外貨建債権および短期外貨建債務
- 長期外貨建債権および長期外貨建債務

- 外貨建有価証券のうち満期保有目的等有価証券
- 短期外貨預金
- 長期外貨預金

> **チェックポイント！**
>
> ■ 上記の届出が出され，選定した方法で換算を行っていることを確認していますか。
>   ⇒ 上記の届出を出していない場合，短期外貨建債権および短期外貨建債務と短期外貨預金は期末時換算法，上記のうちその他3種類については発生時換算法による換算が法定換算方法になります（法法61の9①，法令122の7）。
> ■ 外貨建資産等の換算方法について，変更を行う必要がないか確認していますか。
>   ⇒ 既に選定している換算方法を変更しようとする場合，変更しようとする事業年度の開始の日の前日までに承認申請の提出が必要です（法令122の6①②）。

2-4 外国為替相場が著しく変動した場合の特例

　事業年度終了の時において有する外貨建資産等につきその事業年度においてその外貨建資産等に係る外国為替の売買相場が著しく変動した場合には，特例計算規定があります。その外貨建資産等と通貨の種類を同じくする外貨建資産等のうち外国為替の売買相場が著しく変動したもののすべてにつきこれらの取得または発生の基因となった外貨建取引を当該事業年度終了の時において行ったものとみなし，換算額の計算ができます（法令122の3①）。要は，期末において円換算された額が，帳簿価額よりも15％以上変動していれば，期末円換算額を限度に換算換えが認められることになります（法基通13の2-2-10）。

　満期保有目的等あるいはその他有価証券についても，実質的な評価換えができることになる規定ですので，実務的には失念しないように注意

しておくべきです。ただし，外国通貨の種類を同じくする他の外貨建資産がないか，また，外貨建債務がないかの確認を失念しないことが必要です。

> **チェックポイント！**
>
> ■ 事業年度終了の時において有する個々の外貨建資産等について，変動割合が概ね15％以上になるかどうかを確認していますか。
>   ⇒ 外国通貨の書類を同じくする外貨建資産等が複数ある場合には，その一部だけの判定はできず，外貨建債務についてもセットで考える必要があります（法基通13の2-2-10）。
> ■ 対象として企業支配株式を入れていないか確認していますか。
>   ⇒ 企業支配株式はこの15％ルールの適用対象外とされています。

2－5　為替予約差額の配分

期末から1年内に受取・支払を生じる短期外貨建資産等を除き（法法61の10③），為替予約により外貨建資産等（売買目的有価証券以外）の円換算額を確定させた場合，円換算差額で生じる為替予約差額を，契約締結日から決済日までの各事業年度で期間配分します（法法61の10①）。

> **チェックポイント！**
>
> ■ 短期外貨建資産等につき，為替予約差額を期間配分せず，契約締結日に一括して計上する方法を選定する場合，確定申告書の提出期限までに届出を行っていますか。
>   ⇒ 外国通貨の種類を異にする短期外貨建資産等ごとに選定可能です（法令122の10①）が，期限内の届出による選定が必要です（同②）。

2－6　外貨建取引に係る会計処理

チェックポイント！

■　外貨建取引による売上または仕入等について，計上すべき電信売買相場の仲値により換算していますか。
　⇒　いわゆるTTMによることが原則です（法基通13の2-1-2）。
■　期末における外貨建債務の換算益相当額を期末棚卸資産の取得価額から減算していませんか。
　⇒　仕入計上後に発生した為替差益は，たとえその資産とひも付きの外貨建債務に係る為替差益であっても，当期の利益として計上すべきものとされています（法基通13の2-1-9）。

3　記載例

外貨建資産等の期末換算方法等の届出書　※整理番号

法人税法施行令　☑第122条の5の規定に基づき，外貨建資産等の期末換算の方法
　　　　　　　　□第122条の10第2項の規定に基づき，法人税法第61条の10第3項に規定する為替予約差額の一括計上の方法
を下記のとおり届け出ます。

記

外国通貨の種類・外貨建資産等の区分	期末換算の方法	為替予約差額の一括計上の方法	備　考
短期外貨預金	発生時換算法／期末時換算法		

選択ができる場合でも，法定換算方法でなければ届出が必要ですから，届出を行うことで選択を行う必要があるかを検討する必要があります。
外貨預金は短期であれば期末時換算法，長期であれば発生時換算法が既定値ですので，異なる方法を選択する場合には，届出が必要です。
なお，外貨建MMFであれば，通常は売買目的外有価証券ですので，発生時換算法のみが認められており，企業会計とは換算方法に差異がある点に注意が必要です。

24 解散・清算

1 制度のあらまし

　法人は，自然人の死亡と異なり，いきなり権利義務の帰属主体であることをやめられません。一旦，事業活動をやめ，権利義務関係を清算するための状態になる必要があります。これを解散といい，法人は，株主総会決議等により，清算中の法人になります。清算中の法人は，財産の換価を行い，債務をすべて弁済した後の残余財産を確定し，株主等の出資者に払い戻すことで，清算事務を結了します。

　法人税では，解散事業年度，清算中の事業年度，清算確定事業年度（残余財産確定事業年度）を通じて，解散前と同様に，通常事業年度の所得課税を行うこととしています。ただし，全く同じではない点に注意が必要です。

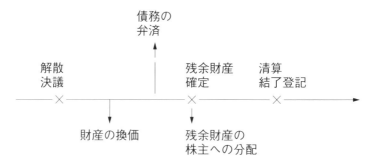

2 解説とチェックポイント

2－1 解散事業年度と事業年度の特例

　法人が解散決議を行った場合，解散の日において事業年度を終了させ，

清算開始時点の財務諸表を確定させます。

> **チェックポイント！**
>
> ■ 法人の種類あるいは解散事由により，事業年度の特例の対象となるか否かに違いがあることを確認していますか。
> ⇒ 株式会社が解散決議を行うと，解散の日の翌日またはその後毎年その日に応当する日から始まる各1年の期間を会社法上清算事務年度といい，実質的に解散の日を決算期末とする決算期変更を行ったのと同様になります。
> ■ 会社法の清算事務年度の規定は，株式会社が通常解散した場合だけであることを確認していますか。
> ⇒ 医療法人や持分会社が解散した場合あるいは株式会社が破産により解散する場合には，清算事務年度の定めがありませんので，定款に定めた事業年度が適用されます。なお，一般社団法人・一般財団法人については，株式会社同様に清算事務年度の規定があります（一般社団法204）。

2—2　清算中の各事業年度

清算中であっても会計上の事業年度が法人税における事業年度になります（法法13①）が，解散をした事業年度にあっては，

　　［1］事業年度期首から解散の日までの期間

　　［2］解散の日の翌日からその事業年度終了の日までの期間

が事業年度となります（法法14①一）。この「事業年度終了の日」とは，通常の解散をした株式会社や一般社団・財団法人の場合には清算事務年度終了の日をいいます。

　また，清算中の法人の残余財産が事業年度の中途において確定した場合は，その残余財産の確定の日までが事業年度となります（法法14①五）。

> **チェックポイント！**
>
> ■ 通常の事業年度の所得課税が行われる中でも，清算中は使えない規定があることを確認していますか。
>   ⇒ 圧縮記帳（法法42）などは，清算中の法人の適用が除外されています。
> ■ 各事業年度末において，実質債務超過で残余財産がないと見込まれる場合に，特例欠損金（「34 特例欠損金」参照）の損金算入規定（法法59③）が使えるかを検討していますか。
>   ⇒ 清算確定事業年度を含む各事業年度末で，実質債務超過状況確認のための実態貸借対照表を作成し，疎明資料を準備しておくことが必要になります（法法59⑥）。なお，期限切れ欠損金規定の利用は，あくまで各期末における見込みが要求されているだけですので，その後の状況変化により過年度の申告を修正する必要はありません。

2－3 清算確定事業年度

残余財産の確定の日の1月後が申告期限となりますが，最後の分配が行われる場合はその前日が申告期限となりますので，スケジュールに注意が必要です。

> **チェックポイント！**
>
> ■ 残余財産のうち資本金等の額を超える部分はみなし配当になるため，株主等に分配する際に，源泉所得税・復興特別所得税の徴収が必要になる点を理解していますか。
>   ⇒ 残余財産が資本金等の額を超えない場合には，みなし配当が生じないため，源泉徴収の義務が生じません。なお，完全支配関係等を有する子法人や一定の子法人に係るみなし配当については，源泉徴収はされません（所法177）。
> ■ 完全支配関係がある子法人等を解散清算し，残余財産を確定する場合には，適格組織再編成となることを理解していますか（法法62の5）。
>   ⇒ 資産等の受入が簿価によることや残余財産確定時に未処理欠損金の承継が行われますが，引継・利用制限にも配慮が必要になります。また，子法人等の株式消却損は損金にならず，資本金等の額の借方チャージになります。

3 記載例

【別表一㈠】 各事業年度の所得に係る申告書―内国法人の分

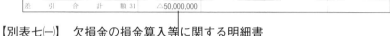

【別表五㈠】 Ⅰ 利益積立金額の計算に関する明細書

【別表七㈠】 欠損金の損金算入等に関する明細書

【別表七㈣】 民事再生等評価換えが行われる場合以外の再生等欠損金の損金算入及び解散の場合の欠損金の損金算入に関する明細書

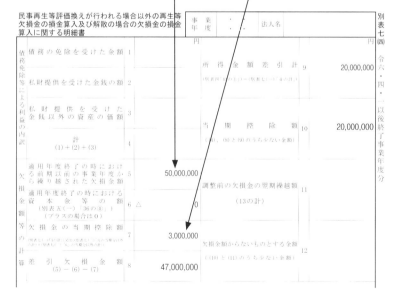

25 圧縮記帳

1 制度のあらまし

　圧縮記帳とは，たとえば，国からの補助金や火災による保険金などを受けて固定資産を購入した場合に，その購入価額から補助金や保険金の額を控除して固定資産の取得価額とするものです。これは，法人が受け取る補助金や保険金が益金として法人税の課税対象とされることにより，補助金等の額が実質的に目減りしてしまうことを防ぐ趣旨です。具体的には，補助金等と同額の損金を計上するとともに，購入した固定資産の取得価額を減額します。この圧縮記帳によって，その後の減価償却費あるいは譲渡原価が減少し，減価償却の場合は，固定資産の耐用年数を通じて圧縮損が減殺されていくことになるわけです。つまり，圧縮記帳には，法人税の課税を繰り延べる効果があるということです。

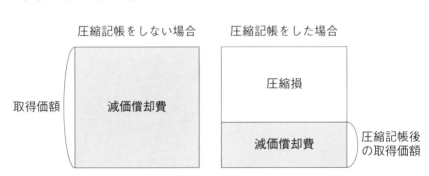

2 チェックポイントと解説

2－1 圧縮記帳制度の種類

　圧縮記帳制度は，法人税法と租税特別措置法に規定されており，以下

のようなものがあります。
 (1) 国庫補助金等で固定資産を取得した場合（法法42～44）
 (2) 保険金等で固定資産を取得した場合（法法47～49）
 (3) 収用，換地処分等により代替資産を取得した場合（措法64・64の2・65）
 (4) 交換により固定資産を取得した場合（法法50）
 (5) 特定の資産の買換え，交換により固定資産を取得した場合等（措法65の7～65の10・66）

 このうち，(5)特定の資産の買換えについては，前期に先行取得した場合，特別勘定を設けた場合の課税特例および特定の資産を交換した場合の課税の特例を除き，譲渡資産を譲渡した日または買換資産を取得した日のいずれか早い日の属する3月期間の末日の翌日以後2月以内に本特例の適用を受ける旨，適用を受けようとする措置の別，取得予定資産または譲渡予定資産の種類等を記載した届出書を納税地の所轄税務署長に届け出ることが要件に加わりました。この改正は令和6年4月1日以後に譲渡資産の譲渡をして，同日以後に買換資産の取得をする場合に適用されます。

チェックポイント！

- ■ 国庫補助金のうち経費補助金についても圧縮記帳を適用して申告していませんか。
  - ⇒ 圧縮記帳の対象とされる補助金は，固定資産の取得または改良に充てるために交付を受けるものに限られます（法法42①，法令79）。
- ■ 保険事故等のあった日から3年経過後に支払いの確定した保険金等について圧縮記帳を適用していませんか。
  - ⇒ 圧縮記帳が適用されるのは，保険事故等のあった日から3年以内に支払いの確定した保険金等に限られます（法法47①，法令84）。
- ■ 所有期間が1年未満の固定資産について行った交換について，圧縮記帳を適用していませんか。

> ⇒ 固定資産の交換の圧縮記帳の特例は，交換当事者がそれぞれ交換資産を1年以上所有していたことが要件です（法法50①）。
>
> ■ 事業年度のうち同一の年に属する期間中に2以上の収用換地等があった場合に，5,000万円控除と代替資産等の圧縮記帳を重複適用していませんか。
>
> ⇒ 5,000万円控除か圧縮記帳かの選択は，事業年度ごとに，かつ，年の異なるごとに行うことができます（措法65の2①，措通65の2-3（注）2）。
>
> ■ 地方税の減免に代えて交付された補助金等を益金に算入していませんか。
>
> ⇒ 法人が道府県または市町村から工場誘致条例またはこれに準ずる条例に基づいて補助金，奨励金等の交付を受けた場合において，当該補助金，奨励金等が実質的に道府県民税および市町村民税の減免に代えて交付されたものであることが明らかであるときは，当該補助金，奨励金等は，その交付を受けた日の属する事業年度の益金の額に算入しません（法基通9-5-4）。

2－2　圧縮記帳の経理

　圧縮記帳による損金算入は，確定した決算により一定の経理処理をすることが要件とされており，単に法人税の申告書上のみで損金処理することは認められていません。この一定の経理処理とは，具体的には次の3つの方法があり，制度によって採用できる方法が異なります。

(1)　損金経理により帳簿価額を減額する方法（減額後の帳簿価額が1円未満となる場合でも，備忘価額として1円以上の金額を付さなければなりません（法令93））

(2)　確定した決算で積立金として積み立てる方法

(3)　決算の確定の日までの剰余金の処分により積立金として積み立てる方法

(1)の処理方法は，直接減額方式と呼ばれるものですが，この経理処理によると，固定資産の帳簿価額が実態と乖離してしまい，財務諸表を毀損してしまうという欠点があります。そこで，会計面を重視する場合に

は，純資産の部と税務上の調整を行って圧縮記帳を行う(2)もしくは(3)の処理方法が用いられます。

> **チェックポイント！**
>
> - 固定資産の交換の場合の圧縮記帳の経理方法について，積立金処理をしていませんか。
>   ⇒ 固定資産の交換の場合の圧縮記帳の経理方法については，損金経理により帳簿価額を直接減額する方法しか認められていません。
> - 法人税法50条（交換）の取得資産の圧縮額の損金算入は，取得資産の価額と譲渡資産の価額との差額が，これらの価額のうちいずれか多い価額の100分の20に相当する金額を超える場合には適用がないのに，その適用をしているものはありませんか。
> - 固定資産の交換により生じた差益金の額を計算する場合に，譲渡資産に係る仲介手数料，土地鑑定料等譲渡資産の譲渡に要した経費は，譲渡資産の譲渡直前の帳簿価額に加算することになっているのに，その加算を忘れていませんか（法令92①，法基通10-6-9）。
> - 収用等をされた土地等の上にある建物等の取壊し等に係る経費補償金は圧縮記帳の対象外であると判断していませんか。
>   ⇒ 建物等の取壊し等に係る補償金は，対価補償金とみなされます（措通64(2)-8）。
> - 補助金の交付決定通知があったことをもって，圧縮記帳の処理を行っていませんか。
>   ⇒ 交付決定の通知がされただけでは，交付すべき補助金の額は確定していないと認めるのが相当であるとする裁決事例があります（平25.4.19大裁（法）平24-66）。よって，「補助金額確定通知」を受けた時点で圧縮記帳の処理を行うのが妥当です。
>   　圧縮記帳を受ける設備関係の補助金については，補助金額確定通知日に収益計上を行うのが無難です。

2―3　固定資産取得時期が補助金確定時期に先行する場合

　固定資産取得時期が補助金確定時期に先行する場合には，固定資産取得時において交付予定額の控除が必要です。詳細は，「30補助金・助成金・支援金」をご確認ください。

3 記載例

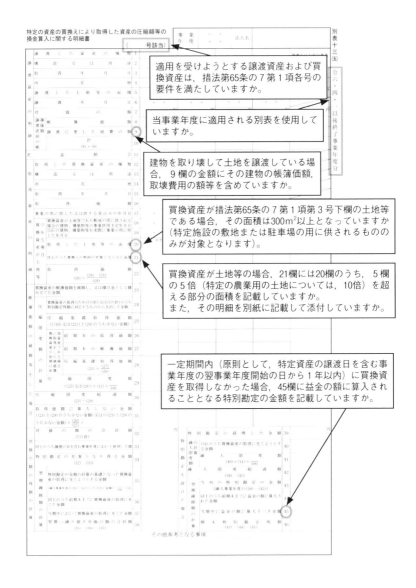

> **Column 5**　村木慎吾先生について

　村木慎吾先生は，最初お会いしたときに，その若さがまばゆいばかりでした。私より10歳以上若いのに，知識は20歳以上は上の化け物的存在。それなのに，人間的にもできている，あり得ない存在。それが村木先生でした。いや，その差は今も多分埋まっていませんが，これ以上離されないようにしないと。

　さて，村木先生の最大の強みは，先入観なく本質を捉えるセンスでしょうね。それは，年齢と全く合わない，膨大な知識と経験に支えられたものでもありますが，シャープさも，大阪勉強会では，岡野先生と一二を争います。

　普通は，常識的先入観が抵抗となって，到達し得ない発想にたどり着きます。しかし，それは論理的には一貫しているし，整合性を持っていて，一見非常識だが，よくよく考えるとなるほどという。

　得意ジャンルは，組織再編と国際課税。グループ通算もどんとこいで，上場企業の税効果会計も対応できると。うん，村木先生はスーパーマン過ぎるくらいなんですよね。

　で，村木先生は，人間よりもお馬さんを愛していると公言されています。確かに，あのつぶらな目を見ていると，人間関係に疲れている時は……。

（濱田康宏）

26 リース取引

1 制度のあらまし

図表26—1 リース分類

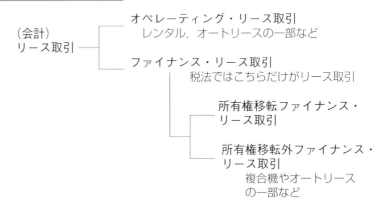

　平成19年度税制改正により，平成20年4月1日以後契約締結分より，所有権移転外ファイナンスリース取引を，すべて資産の売買により取得したものと整理しました。この結果，従来資産の貸付けとされてきた所有権移転外ファイナンスリース取引は，リース資産とリース負債の取得として，資産部分はリース期間定額法により減価償却を行い，リース料支払時にリース負債を減額する処理を行うこととされました。この改正は企業会計の動向に調和させたものですが，中小企業などに配慮して，賃借料経理を行っていても，リース資産の減価償却として損金経理をしたものとみなす手当を置きました。

　なお，企業会計ではリース取引を全てオンバランスにする会計処理が提案されています。税制にも影響がありそうですが，令和6年度税制改

正では見送りになりました。

2　解説とチェックポイント

2―1　リース取引の範囲

　法人税法におけるリース取引の範囲を理解することが，リース税制のポイントの1つです。

> **チェックポイント！**

- ■　リース取引の定義を理解していますか。
  ⇒　法人税法でリース取引とは，資産の賃貸借で，次の［1］［2］をともに満たすものをいいます（法法64の2③）。
  ［1］　その賃貸借に係る契約が，賃貸借期間の中途においてその解除をすることができないものであることまたはこれに準ずるものであること（解約不能）
  ［2］　その賃貸借に係る賃借人が当該賃貸借に係る資産からもたらされる経済的な利益を実質的に享受することができ，かつ，その資産の使用に伴って生ずる費用を実質的に負担すべきこととされているものであること（フルペイアウト）
  　なお，リース取引からは，所有権が移転しない土地の賃貸借その他の政令（法令131の2①）で定めるものが除かれています。
- ■　所有権移転外リースの定義を理解していますか。
  ⇒　所有権移転外リース取引とは，法人税法上のリース取引のうち，次のいずれにも該当しないものです（法令48の2⑤五）。
  ①　リース期間の終了時または中途において，そのリース取引に係る契約において定められているリース取引の目的とされている資産つまりリース資産が無償または名目的な対価の額でそのリース取引に係る賃借人に譲渡されるものであること
  ②　リース期間の終了時または中途においてリース資産を著しく有利な価額で買い取る権利が賃借人に与えられているものであること
  ③　賃借人の特別な注文によって製作される機械装置のようにリース資産がその使用可能期間中その賃借人によってのみ使用されると見込まれるものであること，または建築用足場材のようにリース資産の識別が困難であると認められるものであること
  ④　リース期間がリース資産の法定耐用年数に比して相当短いもの

（賃借人の法人税の負担を著しく軽減することになると認められるものに限ります）であること
　　　なお，「リース期間がリース資産の法定耐用年数に比して相当短いもの」とは，リース期間がリース資産の法定耐用年数の70％（法定耐用年数が10年以上のリース資産については60％）に相当する年数（１年未満の端数切捨て）を下回る期間であるものをいいます（法基通７-６の２-７）。

２－２　リース取引の処理

　所有権移転外リース取引により賃借人が取得したとされる減価償却資産の償却方法はリース期間定額法です（法令48の２①六）。

> **チェックポイント！**

- ■　所有権移転外リース取引以外のリース取引は，売買あるいは金銭の貸付けがあったものとされることを理解していますか。
  - ⇒　法人税法上のリース取引が金銭の貸付けがあったものとされる場合には，その資産の売買により譲渡人（賃借人）が譲受人（賃貸人）から受け入れた金額は借入金の額として取り扱われ，譲渡人が支払うべきリース料の額の合計額のうちその借入金の額に相当する金額については，その借入金の返済額として取り扱われます。
- ■　所有権移転外リース取引以外のリース取引で，売買があったものとされる場合，本来の資産取得とされることを理解していますか。
  - ⇒　所有権移転外リース取引とならないリース取引で，売買があったものとされる資産の取得は，資産の種類に応じてその法人が選定している償却方法によって償却することが必要です。
- ■　リース資産については，特別償却などの制度の適用がないことを理解していますか。
  - ⇒　次のような制度は適用がありません。
    - ①　特別償却（措法42の５・42の６等）
    - ②　少額減価償却資産の損金算入（法令133）
    - ③　一括償却資産の損金算入（法令133の２）
    　　なお，圧縮記帳は適用可能との意見がありますが，公式見解はありません。

26 リース取引

■ 中小企業投資促進税制（措法42の6）では，リース資産について税額控除しか選択できませんが（同②），資本金の額によって取扱いが異なることを理解していますか。
　⇒　資本金の額が3,000万円超であれば税額控除は適用できません（措令27の6⑧）。リース契約を選ぶと税務上不利になる点の1つです。

■ 取得に通常要する価額の90%を切れば，常にフルペイアウト要件を外せると考えていませんか。
　⇒　オープンエンド方式で無理やり90%を切ったものの，課税庁に否認された事例があります（令和2年3月23日裁決　名裁（法・諸）令元第19号）。

3　記載例

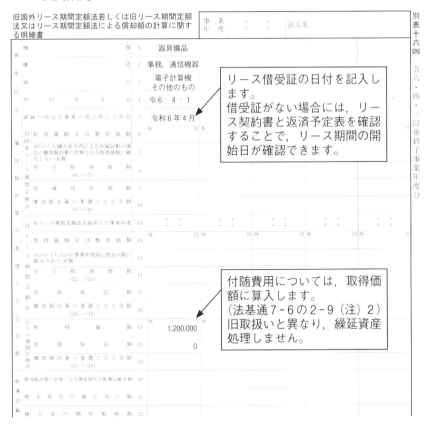

27 減価償却費・修繕費・消耗品費

● 減価償却資産

1 制度のあらまし

会計上,減価償却とは,減価償却資産の取得原価をその使用する各期間にわたって費用配分することをいいます。

これに対して,法人税では,[1]法人がその事業年度において償却費として損金経理した金額のうち,[2]法人が選定している償却の方法に基づいて計算した金額を限度として,損金の額に算入することとし,会計による費用計上額をそのまま認めません(法法31①)。これは,減価償却費が内部計算であることから,恣意的な計算あるいは利益操作に使われることを防ぐ必要があるからです。

実務上は,少額の減価償却資産について,即時に損金とするあるいは3年で償却を行える制度の選択適用も重要な課題になります。

2 解説とチェックポイント

2−1 少額または使用可能期間1年未満の減価償却資産の取扱い

法人が取得した減価償却資産のうち,(1)使用可能期間が1年未満のものあるいは,(2)取得価額が10万円未満のものは,少額の減価償却資産として,損金経理を要件に,その法人が事業の用に供した事業年度において,損金とすることができます(法令133)。

ただし,貸付け(主要な事業として行われるものを除きます)の用に

供した資産は対象外です。

> **チェックポイント！**

- 使用可能期間が1年未満のものとは，法定耐用年数で判断するのではないことを理解していますか。
  ⇒ 「使用可能期間が1年未満のもの」とは，その法人の営む業種において一般的に消耗性のものと認識され，かつ，その法人の平均的な使用状況，補充状況などからみて，その使用可能期間が1年未満であるものをいいます。
- 取得価額が10万円未満のものの判定単位を理解していますか。
  ⇒ 通常1単位として取引されるその単位ごとに判定します。
  例）応接セットの場合は，通常，テーブルと椅子が1組で取引されるものですから，1組で10万円未満になるかどうかを判定します。
  例）カーテンの場合は，1枚で機能するものではなく，1つの部屋で数枚が組み合わされて機能するので，部屋ごとに判定します。
- 少額の減価償却資産で事業の用に供した事業年度にいったん資産に計上したものを，その後の事業年度で一時に損金算入していませんか。
  ⇒ 少額の減価償却資産は，事業の用に供した事業年度においてその取得価額の全額を損金経理している場合に，損金の額に算入することができます。

2－2　一括償却資産の3年償却の取扱い

　法人が，各事業年度において，取得価額が20万円未満である減価償却資産を事業の用に供した場合には，その資産の全部または特定の一部を一括したものの取得価額の合計額を3年間で損金経理した金額を損金に算入することができます（法令133の2）。

　ただし，貸付け（主要な事業として行われるものを除きます）の用に供した資産は対象外です。

> **チェックポイント！**
>
> ■ この規定には，申告要件があることを理解していますか。
> ⇒ この規定は，確定申告書にその一括償却資産に係る一括償却対象額の記載があり，かつ，その計算に関する書類を保存している場合に限り適用されます。また，一括償却対象額につき損金の額に算入される金額の計算に関する明細書を確定申告書に添付しなければなりません（法令133の2⑪，⑫）。

2－3　中小企業者等の少額減価償却資産の取得価額の損金算入の特例

　中小企業者等が，取得価額が30万円未満である減価償却資産を平成18年4月1日から令和8年3月31日までの間に取得などして事業の用に供した場合には，一定の要件のもとに，その取得価額に相当する金額を損金の額に算入することができます（措法67の5）。

　ただし，貸付け（主要な事業として行われるものを除きます）の用に

図表27－1　中小企業者等の少額減価償却資産の取得価額の損金算入制度

	取得価額	償却方法	
中小企業者等のみ	30万円未満	全額損金算入 （即時償却） ※合計で300万円まで	平成18年4月1日から令和8年3月31日までの間に取得等をする減価償却資産について適用
本則	20万円未満	3年間で均等償却（注） （残存価額なし） （一括償却資産の損金算入制度）	
	10万円未満	全額損金算入 （即時償却）	

（注）　20万円未満の減価償却資産であれば，3年間で，毎年1/3ずつ全額を損金算入することが可能

供した資産は対象外です。なお，常時使用する従業員の数が500人以下の法人のみが対象です（措令39の28）。また，令和6年度税制改正により，本制度は2年延長されますが，資本金1億円超の農業協同組合等などは，常時使用する従業員の数が300人以下の法人のみが対象とされます。

(参考) 1単位ごとの判定事例
　〇全体で判定するもの

事　例	判　定
新築の社屋に取り付けた蛍光灯	全体で判定
テーブルと椅子で1組となる応接セット	
倉庫等で使用する組立式商品棚	
ワード・エクセル等が組み込まれたパソコン	合わせて判定
新築の事務所等に取り付けたカーテン，ブラインド等	部屋ごとに判定
百科事典の購入費用	全巻を一単位として判定
枕木・電柱等	1つの工事ごとに判定
役員会議室用の円卓と椅子	用途，用法に応じてパッケージされて取引される単位で判定
事務室と休養室を仕切るために取り付けた間仕切り用パネル	間仕切りとして完成されたものを1つの単位として判定

　〇1単位ごとに判定するもの

事　例	判　定
営業マン100人に持たせた携帯電話の一括購入費用	1台ごとに判定
建設足場のパイプ，丸太，運送用パレット等	1本，1枚ごとに判定
レンタル用のDVD	1枚ごとに判定
デジタルカメラとメモリーカードの購入費用	個々に判定
Z社の地図を一括してまとめて購入した費用	1冊ごとに判定

> チェックポイント！

- ■ 適用対象法人は、青色申告法人である中小企業者または農業協同組合等に限られることを理解していますか。
  - ⇒ 中小企業者とは、①資本金の額または出資金の額が1億円以下の法人または②資本または出資を有しない法人のうち、常時使用する従業員の数が1,000人以下の法人をいいます。ただし、①については、中小企業者等から除外される例外があります。大規模法人に支配されている中小企業者は注意が必要です。
- ■ 適用対象資産である少額減価償却資産については、事業年度での300万円枠があることを理解していますか。
  - ⇒ 適用を受ける事業年度における少額減価償却資産の取得価額の合計額が300万円を超えるときは、その取得価額の合計額のうち300万円に達するまでの少額減価償却資産の取得価額の合計額が限度となります。

    なお、事業年度が1年に満たない場合には300万円を12で除し、これにその事業年度の月数を掛けた金額が限度です。この場合、月数は、暦に従って計算し、1月に満たない端数を生じたときは、これを1月とします。
- ■ 適用を受けるために、申告要件があることを理解していますか。
  - ⇒ 本特例を受けるためには、事業の用に供した事業年度において、少額減価償却資産の取得価額に相当する金額につき損金経理した上で、確定申告書に少額減価償却資産の取得価額の損金算入の特例に関する明細書（別表十六(七)）を添付して申告することが必要です。
- ■ 2—1から2—3の各制度と租税特別措置法上の特別償却、税額控除、圧縮記帳との重複適用をしていませんか。
  - ⇒ 研究開発税制を除き租税特別措置法上の特別償却、税額控除、圧縮記帳との重複適用は認められません（措法53）。

2－4　事業供用時期

　減価償却資産からは，事業の用に供されていないものが除かれています（法令13①柱書かっこ書）。ここで，「事業の用に供した日」とは，通常，減価償却資産をその資産本来の目的のために使用を開始した日を指します。ただし，必ずしも物理的な使用開始日のことを指すわけではなく，賃貸用マンションであれば，建物が完成し，入居者募集を開始した日が「事業の用に供した日」になります。

　期末近くに取得した資産や特別償却・税額控除の適用を受ける減価償却資産については，調査で事業供用日を念査されるのが通例です。

　なお，旧資産を除却すると聞いていたのに，実際には処分していなかったということもあります。メーカーなどから反面調査で情報を得ている場合もあり，事実の仮装隠蔽として重加算税の対象となりやすいため，注意しておくべきでしょう。

チェックポイント！

■　取得の日と事業供用日との区別ができていますか。
　⇒　取得の日は引渡しを受けた日です。事業供用日は，自社の事業プロセスに本格投下した日であり，両者は概念的に異なります。
■　大型機械を購入した場合，取得の日から償却を開始していませんか。
　⇒　大型機械を購入する場合には，試運転を行うのが通常です。試運転は，機械全体について，原料投下から通常の生産と同じ過程を経つつ，本格的な生産ができるようにするために行うものであり，この段階ではまだ事業の用に供されたとは扱われません。工場で使用する機械については，搬入，試運転と検収を終え，製品等の生産を開始した日をもって事業の用に供した日となります。
　　なお，試運転のための派遣技術者滞在費等の当社負担など，試運転の際の費用については，本格的な生産開始後の費用とは異なることから，その機械の取得価額に算入する必要があります。

3　記載例

一括償却資産の損金算入に関する明細書

事業年度　6・4・1 〜 7・3・31　法人名　株式会社○○○　別表十六(八)　令六・四・一以後終了事業年度分

事業の用に供した事業年度	1	・・	・・	・・	・・	・・	(当期分)
同上の事業年度において事業の用に供した一括償却資産の取得価額の合計額	2	円	円	円	円	円	円 150,000
当期の月数（事業の用に供した事業年度の中間申告の場合は、当該事業年度の月数）	3	月	月	月	月	月	12
当期分の損金算入限度額 (2)×(3)/36	4	円	円	円	円	円	50,000
当期損金経理額	5						50,000

→ 事業共用日以後の月数ではありません。

少額減価償却資産の取得価額の損金算入の特例に関する明細書

事業年度　6・4・1 〜 7・3・31　法人名　株式会社○○　別表十六(七)　令六・四・一以後終了事業年度分

資産区分					
	種類	1	器具及び備品	器具及び備品	
	構造	2	事務・通信機器	家具、電気、ガス、家庭	
	細目	3	電子計算機（パソコン）	事務机（金属製）	
	事業の用に供した年月	4	6年4月	7年1月	
取得価額	取得価額又は製作価額	5	円 210,000	円 250,000	
	法人税法上の圧縮記帳による積立金計上額	6			
	差引改定取得価額 (5)-(6)	7	210,000	250,000	
資産	種類	1			
	構造	2			

当期の少額減価償却資産の取得価額の合計額 ((7)の計)	8	460,000 円

→ 300万円の限度額チェックを忘れない。

27 減価償却費・修繕費・消耗品費　139

●減価償却費の計算と修理・改良等，ソフトウェア

1　制度のあらまし

　一般に，減価償却資産の償却費の額は，取得価額・耐用年数・償却方法の3要素により計算されます。その意味で，付随費用が，取得価額に含まれるか否か，耐用年数をいかに決めるか，償却方法の選定ということが重要であるのはいうまでもありません。

　また，減価償却資産の修理，改良等のために支出した金額については，内容によって，当期の損金となる修繕費になるのか，あるいは耐用年数によって償却する資本的支出になるのかの判断が重要になります。

　ソフトウェアは，他者から購入したものか，自社で製作したものかにかかわらず，減価償却資産のうち無形固定資産として取り扱われます。

2　解説とチェックポイント

2―1　取得価額に含めないことができる付随費用

　購入した減価償却資産の取得価額には，原則として，その資産の購入代価とその資産を事業の用に供するために直接要した費用が含まれます。また，引取運賃，荷役費，運送保険料，購入手数料，関税などその資産の購入のために要した費用も含まれます。

> **チェックポイント！**
>
> ■　減価償却資産の取得価額に含めないことができる付随費用を理解していますか。
> 　⇒　次に掲げるような費用については，減価償却資産の取得に関連して支出した費用であっても，取得価額に算入しないことができます。
> 　　(1)　租税公課等

　　　　イ　不動産取得税または自動車取得税
　　　　ロ　新増設に係る事業所税（現在は廃止されています）
　　　　ハ　登録免許税その他登記や登録のために要する費用
　　(2)　建物の建設等のために行った調査，測量，設計，基礎工事等で
　　　その建設計画を変更したことにより不要となったものに係る費用
　　(3)　いったん結んだ減価償却資産の取得に関する契約を解除して，
　　　他の減価償却資産を取得することにした場合に支出する違約金
　　(4)　減価償却資産を取得するための借入金の利子（使用を開始する
　　　までの期間に係る部分）
　　　（注）使用を開始した後の期間に係る借入金の利子は，期間の経過
　　　　　に応じて損金の額に算入します。
　　(5)　割賦販売契約などによって購入した資産の取得価額のうち，契
　　　約において購入代価と割賦期間分の利息や代金回収のための費用
　　　等が明らかに区分されている場合のその利息や費用

2－2　耐用年数と中古資産

　減価償却資産の耐用年数は，耐用年数省令の耐用年数表によって判断します。同じ資産であっても，その用途によって，構造・細目・耐用年数が異なることも少なくありません。本社用エレベーターは附属設備となるのに対して，工場設備用エレベーターは機械装置となるなどがその例です。

　また，中古資産を取得した場合には，法定耐用年数そのものではなく，簡便法による耐用年数を用いるのが通常ですが，経過年数を考慮する必要があります。

　　チェックポイント！

　　■　資産の種類について，法人の営む業種を基礎に判定していませんか。
　　　⇒　資産の種類については，その資産自身がどの業種用の設備に該当
　　　するかにより判定することになります。
　　■　中古資産を取得し，事業の用に供するに際し改良等した場合で，そ
　　　の支出した資本的支出の金額が当該中古資産の再取得価額の50％を超

える場合に，中古資産の耐用年数を適用していませんか。
⇒ 支出した資本的支出の金額が当該中古資産の再取得価額の50％を超える場合は，法定耐用年数を使用します（耐令3①，耐通1－5－2）。

2－3　減価償却費の計算とその償却方法

　法人の各事業年度終了の時において有する減価償却資産につき，償却費として各事業年度の所得の金額の計算上損金の額に算入する金額は，[1] その法人がその事業年度において償却費として損金経理をした金額のうち，[2] その取得をした日およびその種類の区分に応じ，定額法・定率法・生産高比例法の中からその資産について選定した償却の方法に基づき，償却限度額に達するまでの金額とされています。

資産の区分		届出をした法人	届出をしなかった法人（法定償却方法）	特別な償却方法の適用の可否
建物（鉱業用のものおよびリース資産を除く）	平成10年3月31日以前に取得 ⇒	旧定額法・旧定率法のうち届け出た方法	旧定率法（法令53①一） ⇒	○（法令48の4，法基通7-2-3）
	平成10年4月1日以後平成19年3月31日以前に取得 ⇒	旧定額法（届出を要しない）	⇒	×
	平成19年4月1日以後に取得 ⇒	定額法（届出を要しない）	⇒	
建物附属設備，構築物（鉱業用のものおよびリース資産を除く）	平成19年3月31日以前に取得 ⇒	旧定額法・旧定率法のうち届け出た方法	旧定率法（法令53①一） ⇒	○（法令48の4，法基通7-2-3）
	平成19年4月1日以後平成28年3月31日以前に取得 ⇒	定額法・定率法のうち届け出た方法	定率法（法令53①二） ⇒	
	平成28年4月1日以後に取得 ⇒	定額法（届出を要しない）	⇒	×

有形減価償却資産（建物，建物附属設備，構築物，鉱業用のものおよび下記の生物を除く）	平成19年3月31日以前に取得	⇒	旧定額法・旧定率法のうち届け出た方法	旧定率法（法令53①一）	⇒	○（法令48の4，法基通7-2-3）
	平成19年4月1日以後に取得	⇒	定額法・定率法のうち届け出た方法	定率法（法令53①二）	⇒	
無形減価償却資産（鉱業権を除く）	平成19年3月31日以前に取得	⇒	旧定額法（届出を要しない）			
	平成19年4月1日以後に取得	⇒	定額法（届出を要しない）			
生物（器具および備品に該当するものを除く）	平成19年3月31日以前に取得	⇒	旧定額法（届出を要しない）			×（法令48の4，法基通7-2-3）
	平成19年4月1日以後に取得	⇒	定額法（届出を要しない）			

> **チェックポイント！**
>
> ■ 取得時期を確認していますか。
> ⇒ 減価償却方法は，何度かの改正がなされた結果，取得時期によって，償却方法が変わることがあります。たとえば，定率法で言えば，旧定率法・250％定率法・200％定率法の3種類があります。
> 　なお，新たに取得する建物，建物附属設備，構築物については，現在，定額法のみが採用可能です。
> ■ 営業権の償却限度額の計算について，事業年度中途に事業の用に供した場合に5年で均等償却していませんか。
> ⇒ 営業権の償却費計算においては，事業年度中途に事業の用に供した場合には月数按分をして償却費を計算します。
> ■ 医療機器を「機械及び装置」に区分していませんか。
> ⇒ 診療用または治療用の医療機器は，1台で相当高額なものもありますが，全て耐用年数省令別表第一における「器具及び備品」に該当します。

2−4　資本的支出と修繕費

　法人がその有する固定資産の修理，改良等のために支出した金額については，その固定資産の価値を高め，またはその耐久性を増すこととなると認められる部分である資本的支出と，通常の維持管理のため，またはき損した固定資産につきその原状を回復するために要したと認められる修繕費とに区分されます。

> チェックポイント！

- ■　資本的支出の代表例を理解していますか。
  - ⇒　たとえば次に掲げるような金額は，原則として資本的支出に該当します。
    - ①　建物の避難階段の取付け等物理的に付加した部分に係る費用の額
    - ②　用途変更のための模様替え等改造または改装に直接要した費用の額
    - ③　機械の部分品を特に品質または性能の高いものに取り替えた場合のその取替えに要した費用の額のうち通常の取替えの場合にその取替えに要すると認められる費用の額を超える部分の金額
    - （注）建物の増築，構築物の拡張，延長等は建物等の取得にあたります。
- ■　修繕費の内容を理解していますか。
  - ⇒　修繕費は，［1］その固定資産の通常の維持管理のために要した額と［2］き損した固定資産につきその原状を回復するために要した額の2通りがあります。たとえば，機械装置の移設費用は，原則として，修繕費とされます。ただし，法人税基本通達7-3-12《集中生産を行う等のための機械装置の移設費》の本文の適用のある移設については，集中生産のための費用で資産価値を増加させるものとされます。
- ■　形式基準による判定のやり方を理解していますか。
  - ⇒　資本的支出に該当するか，修繕費に該当するか判断が困難な場合は，次に示す形式基準で判定することができます。

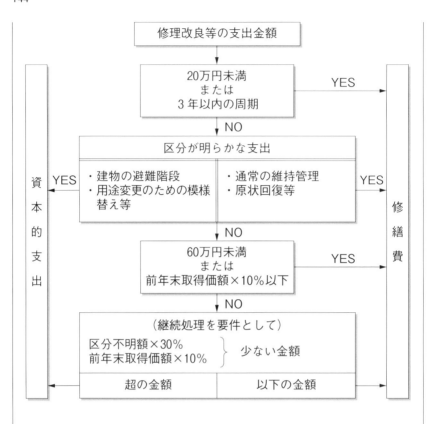

■ 60万円基準あるいは前期末取得価額10％以下基準が使えるのは，区分が明らかと言えない金額に限ることを理解していますか。
  ⇒ 区分が明らかな部分の金額には用いることができませんので，実務的には，修繕の要素がなんらかの形で混じっていない場合には，60万円基準や前期末取得価額の10％以下基準は使えません。調査でもよく指摘を受ける事項です。
    この点，20万円未満基準や3年以内の周期基準は，明らかな資本的支出であっても，損金処理することができるため，違いに注意しておくべきです。
    なお，明らかでない額が60万円未満ならこの基準は使えます。支出額全体で60万円未満でなくてもよいことに注意が必要です。

○ 記載例

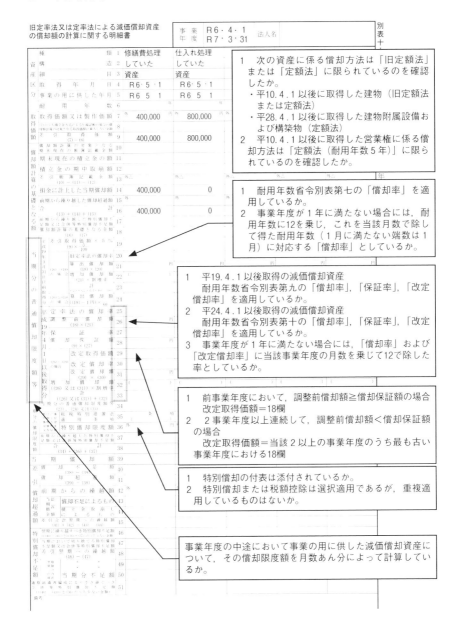

2−5　ソフトウェアの取得価額と耐用年数

取得の形態	取得価額
購入	購入の代価＋購入費用＋事業の用に供するための直接費用
自社製作	原材料費＋労務費＋経費の額＋事業の用に供するための直接費用

利用目的		耐用年数
開発研究用		3 年
開発研究用以外	複写して販売するための原本	
	その他のもの	5 年

> **チェックポイント！**
>
> ■　中古のソフトウェアを購入した際に，簡便法により中古資産の耐用年数を使用していませんか。
> ⇒　無形固定資産は，中古耐用年数について簡便法は使えません。

2−6　ソフトウェアの除却

　ソフトウェアにつき物理的な除却，廃棄，消滅等がない場合であっても，次に掲げるように当該ソフトウェアを今後事業の用に供しないことが明らかな事実があるときは，当該ソフトウェアの帳簿価額（処分見込価額がある場合には，これを控除した残額）を当該事実が生じた日の属する事業年度の損金の額に算入することができます。

(1)　自社利用のソフトウェアについて，そのソフトウェアによるデータ処理の対象となる業務が廃止され，当該ソフトウェアを利用しなくなったことが明らかな場合，またはハードウェアやオペレーティングシステムの変更等によって他のソフトウェアを利用することになり，従来のソフトウェアを利用しなくなったことが明らかな場合

(2)　複写して販売するための原本となるソフトウェアについて，新製

品の出現，バージョンアップ等により，今後，販売を行わないことが社内りん議書，販売流通業者への通知文書等で明らかな場合（法基通7-7-2の2）

2—7　ソフトウェアに係る資本的支出と修繕費

　法人が，その有するソフトウェアにつきプログラムの修正等を行った場合において，当該修正等が，プログラムの機能上の障害の除去，現状の効用の維持等に該当するときはその修正等に要した費用は修繕費に該当し，新たな機能の追加，機能の向上等に該当するときはその修正等に要した費用は資本的支出に該当します。

　たとえば，消費税のインボイス制度の実施に伴うシステム改訂費用は，従来備わっていた機能の効用を維持するために必要なものと考えられるため，修繕費として取り扱われることになります。

> **チェックポイント！**
>
> ■　資本的支出に該当するソフトウェア改良費で，中小企業者の少額減価償却資産（措法67の5）とできる場合があることを理解していますか。
> ⇒　規模の拡張である場合や単独資産としての機能の付加である場合など，実質的に新たな資産を取得したと認められる場合があります（措通67の5-3）。

28 特別償却・税額控除

1 制度のあらまし

　租税特別措置法には，一定の政策目的を達成するための奨励策として，特別償却制度や税額控除制度の特典が設けられています。

　これらの特典を適用するための多くの要件が準備されています。特典ごとに要件や添付書類などを確認することが必要です。

　なお，特別償却については，中小企業投資促進税制などの場合，償却限度額まで追加計上しなかった場合には，その償却不足額を翌事業年度に繰り越すことができます。

　また，税額控除についても，制度によっては，法人税額の20％を超過した分を翌事業年度に繰り越して税額控除の適用を受けることができます。

1－1　中小企業経営強化税制（措法42の12の4）
（1）制度の概要

　中小企業等経営強化法の認定を受けた経営力向上計画に基づき，対象設備を取得や製作等した場合に，即時償却または取得価額の10％の税額控除（資本金3,000万円超1億円以下の法人は7％）が選択適用できます。

　特別償却は，限度額まで償却費を計上しなかった場合，その償却不足額を翌事業年度に繰り越すことができます。

　また，税額控除は，中小企業投資促進税制の税額控除との合計で，その事業年度の法人税額の20％が上限となります。税額控除限度額を超える金額については，翌事業年度に繰り越すことができます。

(2) 対象法人

青色申告書を提出する「中小企業者等」(中小企業者等とは,資本金または出資金の額が1億円以下の法人などをいいます)で,中小企業等経営強化法の認定を受けた「特定事業者等」に該当するものが対象となります。

(3) 対象設備

令和7年3月31日までに,以下の設備を取得等して指定事業の用に供した場合に適用となります。

類型	要件	確認者	対象設備	その他要件
A類型	生産性が旧モデル比平均1%以上向上する設備	工業会等	機械装置(160万円以上) 工具(30万円以上) (A類型の場合,測定工具または検査工具に限る) 器具備品(30万円以上) 建物附属設備(60万円以上) ソフトウェア(70万円以上) (A類型の場合,設備の稼働状況等に係る情報収集機能および分析・指示機能を有するものに限る)	・生産等設備を構成するもの ※事務用器具備品・本店・寄宿舎等に係る建物附属設備,福利厚生設備に係るものは該当しません。 ・国内への投資であること ・中古資産・貸付資産等でないこと
B類型	投資収益率が年平均5%以上の投資計画に係る設備	経済産業局		
C類型	可視化,遠隔操作,自動制御化のいずれかに該当する設備			
D類型	修正ROAまたは有形固定資産回転率が一定割合以上の投資計画に係る設備			

(注1) 発電用の機械装置,建物附属設備については,発電量のうち,販売を行うことが見込まれる電気の量が占める割合が2分の1を超える発電設備等を除きます。また,発電設備等について本税制を適用する場合は,経営力向上計画の認定申請時に報告書を提出する必要があります。
(注2) 医療用の器具備品・建物附属設備については,医療保険業を行う事業者が取得等をするものを除きます。
(注3) ソフトウェアについては,複写して販売するための原本,開発研究用のもの,サーバー用のOSのうち一定のものなどは除きます。
(注4) コインランドリー業または暗号資産マイニング業(主要な事業であるものを除きます)の用に供する資産でその管理のおおむね全部を他の者に委託するものは除外されます。

1－2　中小企業投資促進税制（措法42の6）
（1）制度の概要
　この制度は，中小企業者等が一定の機械装置等の対象設備の取得や製作等をした場合に，取得価額の30％の特別償却または7％の税額控除が選択適用できるものです。ただし，税額控除はその事業年度の法人税額の20％までが上限となります。なお，税額控除限度額を超える金額については，翌事業年度に繰り越すことができます。特別償却についても，限度額まで償却費を計上しなかった場合，その償却不足額を翌事業年度に繰り越すことができます。

（2）対象法人
　青色申告書を提出する「中小企業者等」（中小企業者等とは資本金または出資金の額が1億円以下の法人などをいいます）が対象です。

（3）対象設備
　令和7年3月31日までに，以下の設備を取得等して指定事業の用に供した場合に適用となります。

設備	取得価額要件
機械装置	1台または1基の取得価額が160万円以上のもの
測定工具・検査工具	1台または1基の取得価額が120万円以上のもの（1台または1基の取得価額が30万円以上かつ事業年度の取得価額の合計額が120万円以上のものを含む）
一定のソフトウェア	一のソフトウェアの取得価額が70万円以上のもの（事業年度の取得価額の合計額が70万円以上のものを含む）
普通貨物自動車	車両総重量3.5t以上
内航船舶	全て

（注1）　中古品，貸付の用に供する設備は対象外です。
（注2）　匿名組合契約その他これに類する一定の契約の目的である事業の用に供する設備は対象外です。
（注3）　コインランドリー業（主要な事業であるものを除きます）の用に供する機械装置でその管理のおおむね全部を他の者に委託するものは対象外です。

1－3　地域未来投資促進税制 (措法42の11の2)
(1) 制度の概要
　都道府県知事から「地域経済牽引事業計画」の承認を受けた上で，その計画について，地域の成長発展の基盤強化に特に資するものとして主務大臣による課税特例の確認を受け，その計画に従って建物・機械等を新設・増設した場合，法人税等の特別償却または税額控除が選択適用できます。

(2) 対象法人

STEP1：都道府県知事による「地域経済牽引事業計画」の承認
「地域経済牽引事業計画」を作成し，市町村および都道府県が策定する「基本計画」に適合するものとして，都道府県知事の承認を受けることが必要です。承認に当たっては，次の①〜③までの要件を全て満たす必要があります。 　① 「基本計画」で定める地域の特性の活用 　② 高い付加価値の創出 　③ 地域への相当の経済的効果（売上・域内取引・雇用創出等）

STEP2：主務大臣による課税特例の確認
都道府県知事により承認された「地域経済牽引事業計画」に関し，地域の成長発展の基盤強化に特に資するものであることの確認（課税特例の確認）を主務大臣から受けることが必要です。確認に当たっては，次の①〜⑤までの要件を満たす必要があります。 　① 評価委員会において先進的であると認められること（※特定非常災害で被災した区域を除きます） 　具体的には，以下の通常類型またはサプライチェーン類型に該当する場合には，一定程度の先進性が認められる。 　【通常類型】 　・投資収益率が5％以上または労働生産性の伸び率が4％以上 　【サプライチェーン型】 　・海外における生産拠点の集中度が50％以上の製品を製造 　・事業を実施する都道府県内の取引額の増加率が5％以上　等

② 設備投資額2,000万円以上
③ 設備投資額が前年度減価償却費の20％以上
※連結会社の場合には，連結財務諸表における減価償却費を用いる。
④ 対象事業の売上高伸び率がゼロを上回り，かつ，過去５年度の対象事業に係る市場規模の伸び率を５％以上上回ること
⑤ 旧計画が終了しており，その労働生産性の伸び率が４％以上かつ投資収益率が５％以上

さらに，次の⑥（アまたはイ）および⑦の要件をいずれも満たす場合には，特別償却率・税額控除率の上乗せを受けることができます（①において，通常類型により先進性を有すると判断された場合のみ適用）。

⑥ ア 直近事業年度の付加価値額増加率が８％以上
　 イ 対象事業において創出される付加価値額３億円以上，かつ，対象事業者の前事業年度と前々事業年度の平均付加価値額が50億円以上
⑦ 投資収益率が５％以上かつ労働生産性の伸び率が４％以上

（3）対象設備

令和７年３月31日までに，以下の設備を取得等して事業の用に供した場合に適用となります。

対象設備	特別償却	税額控除
機械装置・器具備品	40％	4％
上乗せ要件を満たすもの	50％	5％
建物・附属設備・構築物	20％	2％

（注1） 税額控除は，その事業年度の法人税額等の20％相当額が限度となります。
（注2） 対象資産を貸付けの用に供する場合や中古の対象資産の取得は，本税制措置の対象となりません。
（注3） 地域経済牽引事業計画の承認後であっても，主務大臣の確認前に対象資産の取得等をした場合には，本税制措置の対象とはなりません。

2 解説とチェックポイント

> チェックポイント！

- ■ 特別償却の適用を受けるにあたり，特別償却の付表を添付していますか。
  - ⇒ 法人税法施行規則により，租税特別措置法による特別償却の規定の適用を受ける場合には，特別償却限度額の計算に関する明細書（付表）を法人税の確定申告書等に添付することとされています。
- ■ 貸付けの用に供した設備について，特別償却の適用をしていませんか。
  - ⇒ 貸付用資産は，特別償却制度の対象外とされています。
- ■ 前期において事業の用に供した機械設備等について，当期に特別償却を行っていませんか。
  - ⇒ 特別償却は，事業の用に供した事業年度で適用されます。償却不足額がある場合には翌事業年度に繰り越すことができます。
- ■ 資本金等が1億円を超える法人について，従業員の数が1,000人以下であるとして，中小企業投資促進税制の適用をしていませんか。
  - ⇒ 資本金等を有する法人の場合は資本金等が1億円以下，資本金等を有しない法人の場合は従業員の数が1,000人以下の法人に限り適用されます。
- ■ 料亭，バー，キャバレー，ナイトクラブ，物品賃貸業，娯楽業（映画業を除きます），特殊浴場業の事業を営む法人について，中小企業投資促進税制の適用を受けていませんか。
  - ⇒ 中小企業投資促進税制の適用が受けられる法人の事業は，製造業，建設業，農業，林業，漁業，水産養殖業，鉱業，採石業，砂利採取業，卸売業，道路貨物運送業，倉庫業，港湾運送業，ガス業，小売業，料理店業その他の飲食店業（一定の類型を除き（注4参照），料亭，バー，キャバレー，ナイトクラブ，その他これらに類する事業を除きます），一般旅客自動車運送業，海洋運輸業および沿海運輸業，内航船舶貸渡業，旅行業，こん包業，郵便業，損害保険代理業，不動産業，情報通信業，駐車場業，物品賃貸業，学術研究，専門・技術サービス業，宿泊業，洗濯・理容・美容・浴場業，その他の生活関連サービス業，教育，学習支援業，医療，福祉業，協同組合（他に分類されないもの），サービス業（他に分類されないもの）とされています。
  - （注1） 中小企業投資促進税制の対象事業に該当する全ての事業が

中小企業経営強化税制の指定事業となります。
（注2）　電気業，水道業，鉄道業，航空運輸業，銀行業，娯楽業（映画業を除きます）等は対象になりません。
（注3）　風俗営業等の規制及び業務の適正化等に関する法律第2条第5項に規定する性風俗関連特殊営業に該当するものを除きます。
（注4）　料亭，バー，キャバレー，ナイトクラブその他これらに類する飲食店業は，生活衛生同業組合の組合員が営むもののみが指定事業となります。

■　リースでの取得の場合に，会社の資本金が3,000万円超なのに中小企業投資促進税制での税額控除が利用できると思っていませんか。
　⇒　中小企業投資促進税制での税額控除では資本金3,000万円以下が要件のため，リースによらず購入等による取得をアドバイスすべきだった可能性があります。

■　中小企業経営強化税制および中小企業投資促進税制の対象となる中小企業者等の範囲を理解していますか。
　⇒　中小企業者等とは，以下の法人をいいます。
　・資本金の額または出資金の額が1億円以下の法人
　・資本または出資を有しない法人のうち常時使用する従業員数が1,000人以下の法人
　　ただし，以下の法人は対象外
　　①　同一の大規模法人（資本金の額もしくは出資金の額が1億円超の法人，資本もしくは出資を有しない法人のうち常時使用する従業員数が1,000人超の法人または大法人（資本金の額または出資金の額が5億円以上である法人等）との間に当該大法人による完全支配関係がある法人等をいい，中小企業投資育成株式会社を除きます）から2分の1以上の出資を受ける法人
　　②　2以上の大規模法人から3分の2以上の出資を受ける法人
　　③　前3事業年度の所得金額の平均額が15億円を超える法人
　・協同組合等（中小企業等協同組合，出資組合である商工組合等※）
　　※　協同組合等に含まれる組合は，農業協同組合，農業協同組合連合会，中小企業等協同組合，出資組合である商工会および商工組合連合会，内航海運組合，内航海運組合連合会，出資組合である生活衛生同業組合，漁業協同組合，漁業協同組合連合会，水産加工業協同組合，水産加工業協同組合連合会，森林組合，森林組合連合会ならびに商店街振興組合に限ります。

3 記載例＜中小企業投資促進税制（特別償却準備金を適用）の記載例＞

特別償却準備金の損金算入に関する明細書		事業年度	6・4・1 7・3・31	法人名		○○株式会社		別表十六(九)
特別償却に関する規定の該当条項	1	第42条6第1項第3号	第42条の6第1項第1号	第 条第 項第 号		計		令六・四・一以後終了事業年度分
資産区分	種類	2	車両及び運搬具	機械及び装置				
	構造、用途、設備の種類又は区分	3	運送業用の車両及び運搬具	印刷業用設備				
	細目	4	大型乗用車	デジタル印刷システム設備				
事業の用に供した年月	5	令和5・5・1	令和6・12・1					
耐用年数等	6	5年	4年	年				
当期積立額	7	円	8,000,000円	円	8,000,000円			
当期積立限度額	当期の特別償却限度額	8		8,000,000		8,000,000		
	前期から繰り越した積立不足額又は合併等特別償却準備金積立不足額	9						
	積立限度額 (8)+(9)	10		8,000,000		8,000,000		
積立限度超過額 (7)-(10)	11		0		0			
差引積立不足額	積割増償却の場合 (8)-(7)	12						
	初年度特別償却の場合 ((7)-(9)≧0の場合は(8))	13						
	翌期に繰り越すべき積立不足額 (10)-(7)	14		0		0		
	当期において切り捨てる積立不足額又は合併等特別償却準備金積立不足額	15						
	差引翌期への繰越額 (14)-(15)	16						
	翌期への繰越額の内訳	・・・	17					
	当期分 (12)又は(13)	18						
	計 (17)+(18)	19						
当期積立額のうち損金算入額 ((7)と(10)のうち少ない金額)	20		8,000,000		8,000,000			
合併等特別償却準備金積立不足額 (8)-(7)	21							
翌期繰越額の計算	積立事業年度	22	令5・4・1 令6・3・31	令6・4・1 令7・3・31	・・・ ・・・			
	各積立事業年度の積立額のうち損金算入額	23	3,000,000円	0円	円	3,000,000円		
	期首特別償却準備金の金額	24	3,000,000	8,000,000		11,000,000		
	当期益金算入額	均等益金算入による場合 (23)×12/84, 60又は(耐用年数等×12)	25	600,000	0		600,000	
		同上以外の場合による益金算入額	26					
		計 (25)+(26)	27	600,000			600,000	
	期末特別償却準備金の金額 (24)-(27)	28	2,400,000	8,000,000		10,400,000		

29 中小企業向け賃上げ促進税制

1 制度のあらまし

　本制度は，中小企業者等※が，雇用者給与等支給額を前事業年度と比べて1.5％以上増加させた場合に，控除対象雇用者給与等支給増加額の15％を法人税額から控除できるものです（措法42の12の5③）。

　また，雇用者給与等支給額を前事業年度と比べて2.5％以上増加させた場合は控除率を15％加算し，教育訓練費の額を前事業年度と比べて10％以上増加させた場合は控除率を10％加算します。更に，くるみんあるいはえるぼしを二段階目以上取得した事業年度では控除率を5％加算します。プラチナくるみんもしくはプラチナえるぼし認定を受けていれば毎事業年度において5％加算します。

　これら全ての要件を満たした場合には，控除率は最大で45％となりますが，控除額は法人税額等の20％が上限となります。

（中小企業庁資料「賃上げに取り組む経営者の皆様へ」より）

　当制度の適用期間は，令和6年4月1日から令和9年3月31日までに

開始する各事業年度です。

　※中小企業者等とは，青色申告書を提出する者のうち，以下に該当するものを指します。

(1) 以下のいずれかに該当する法人

（ただし，前３事業年度の所得金額の平均額が15億円を超える法人は本税制適用の対象外）

① 資本金の額または出資金の額が１億円以下の法人

　ただし，以下の法人は対象外

- 同一の大規模法人（資本金の額もしくは出資金の額が１億円超の法人，資本もしくは出資を有しない法人のうち常時使用する従業員数が1,000人超の法人または大法人（資本金の額または出資金の額が５億円以上である法人等）との間に当該大法人による完全支配関係がある法人等をいい，中小企業投資育成株式会社を除きます）から２分の１以上の出資を受ける法人
- ２以上の大規模法人から３分の２以上の出資を受ける法人

② 資本または出資を有しない法人のうち常時使用する従業員数が1,000人以下の法人

(2) 協同組合等（中小企業等協同組合，出資組合である商工組合等）

2　解説とチェックポイント

2－1　通常要件の場合（1.5％以上賃上げ）

【適用要件】

雇用者給与等支給額が前事業年度と比べて1.5％以上増加すること。

$$\frac{雇用者給与等支給額（適用年度）-比較雇用者給与等支給額（前事業年度）}{比較雇用者給与等支給額（前事業年度）} \geqq 1.5\%$$

雇用者給与等支給額および比較雇用者給与等支給額に，「給与等に充てるため他の者から支払を受ける金額（雇用安定助成金額を除きます。）」

がある場合には，当該金額を控除して要件の判定を行います。

　この「給与等に充てるために他の者から受ける金額」には，以下のものが該当します。

> 業務改善助成金，労働移動支援助成金（早期雇い入れコース），キャリアアップ助成金（正社員コース），特定求職者雇用開発助成金（就職氷河期世代安定雇用実現コース），特定求職者用開発助成金（特定就職困難者コース），その他，出向元法人が出向先法人から支払を受けた出向先法人の負担すべき給与に相当する金額等
> なお，雇用調整助成金，緊急雇用安定助成金，産業雇用安定助成金も「給与等に充てるために他の者から受ける金額」に該当しますが，雇用保険法62条1項1号によるものであり，雇用安定助成金額として控除対象から除外されます。

【税額控除】

　控除対象雇用者給与等支給増加額の15％を法人税額から控除します。

> 税額控除額＝控除対象雇用者給与等支給増加額×15％

　ただし，税額控除額は，法人税額の20％が上限となります。

(控除対象雇用者給与等支給増加額とは)

　適用年度の「雇用者給与等支給額」から前事業年度の「比較雇用者給与等支給額」を控除した金額をいいます（※調整雇用者給与等支給増加額を上限とします）。

　なお，雇用者給与等支給額および比較雇用者給与等支給額の計算においては，給与等に充てるため他の者から支払を受ける金額（雇用安定助成金額を除きます）がある場合には，当該金額を控除します。

　※適用年度の雇用安定助成金額を控除した「雇用者給与等支給額」から，前事業年度の雇用安定助成金額を控除した「比較雇用者給与等支給額」を控除した金額をいいます。

チェックポイント！

- ■ 月の途中で役員になった者の役員報酬を税額控除の対象としていませんか。
  - ⇒ 本税制は使用人に対する制度ですので，役員分の給与は除き，使用人に該当する期間の給与のみ計算の対象とします。なお，使用人兼務役員については，役員分のみならず，使用人分も本制度の対象外です。
- ■ 一時的に海外で働いている従業員の給与を対象外としていませんか。
  - ⇒ 海外に長期出張等をしていた期間も，国内の事業所で作成された賃金台帳に記載され，給与所得となる給与等の支給を受けている方は，一時的に海外で勤務をしていた期間も国内雇用者に該当します。
- ■ 出向者がいる場合，出向先から支払われる出向負担金の有無を確認していますか。
  - ⇒ 出向した使用人に対する給与を出向元法人が支給する場合，出向元法人が出向先法人から支払を受けた出向負担金は雇用者給与等支給額から控除します。
- ■ 未払給与の計上漏れはありませんか。
  - ⇒ 未払給与は，計上時に損金算入されるものなので，損金算入時の事業年度の「雇用者給与等支給額」に含まれます。なお，未払賞与は，法令72条の3（使用人賞与の損金算入時期）の要件を満たさない場合には損金にならず，本制度でも対象にならない点に注意が必要です。
- ■ 企業が奨学金の代理返還に充てる経費を雇用者給与等支給額に含めていますか。
  - ⇒ 企業が学生の貸与型奨学金の返還を学生の代わりに担う際に充てる額は，賃上げ促進税制の給与等支給額の対象となることが，経産省・中小企業庁のページで明らかにされています。
- ■ 病院・診療所・介護施設などを運営する法人で「給与等に充てるため他の者から支払を受ける金額」に，看護職員処遇改善評価料および介護職員処遇改善加算その他の役務の提供の対価の額を含めていませんか。
  - ⇒ 令和6年4月1日以後開始事業年度からは，含めないように注意が必要です。

2－2　上乗せ措置を利用する場合（2.5％以上賃上げ要件）

【適用要件】

雇用者給与等支給額が前事業年度と比べて2.5％以上増加すること。

$$\frac{\text{雇用者給与等支給額（適用年度）} - \text{比較雇用者給与等支給額（前事業年度）}}{\text{比較雇用者給与等支給額（前事業年度）}} \geqq 2.5\%$$

雇用者給与等支給額および比較雇用者給与等支給額に，給与等に充てるため他の者から支払を受ける金額（雇用安定助成金額を除きます）がある場合には，当該金額を控除して要件の適用判定を行います。

【税額控除率の上乗せ】

2.5％以上賃上げ要件のみを利用した場合の税額控除率は30％（通常要件15％＋2.5％以上賃上げ要件15％＝30％）となります。

$$\text{税額控除額} = \text{控除対象雇用者給与等支給増加額} \times 30\%$$

次の2－3で解説する教育訓練費5％以上増加要件との併用も可能です（その場合の税額控除率は40％となります。通常要件15％＋2.5％以上賃上げ要件15％＋教育訓練費5％以上増加要件10％＝40％）。

ただし，その場合でも税額控除額の上限は，法人税額の20％となります。

2－3　上乗せ措置を利用する場合（教育訓練費5％以上増加要件）

【適用要件】

教育訓練費の額が前事業年度と比べて5％以上増加しており，かつ，教育訓練費の額が雇用者給与等支給額の0.05％以上であること。

$$\frac{教育訓練費の額（適用年度） - 比較教育訓練費の額（前事業年度）}{比較教育訓練費の額（前事業年度）} \geqq 5\%$$

【税額控除率の上乗せ】

　教育訓練費5％以上増加要件のみを利用した場合の税額控除率は25％（通常要件15％＋教育訓練費5％以上増加要件10％＝25％）となります。

　2.5％以上賃上げ要件との併用も可能です（その場合の税額控除率は40％となります。通常要件15％＋2.5％以上賃上げ要件15％＋上乗せ要件10％＝40％）。

　ただし，その場合でも税額控除額の上限は，法人税額の20％となります。

【教育訓練費の対象者】

　適用法人の国内雇用者。したがって，当該法人の役員，使用人兼務役員，当該法人の役員の特殊関係者（①役員の親族，②事実上婚姻関係と同様の事情にある者，③役員から生計の支援を受けている者，④　②または③と生計を一にする親族），内定者等の入社予定者は国内雇用者ではないため，対象外となります。

【教育訓練費とは】

　国内雇用者の職務に必要な技術または知識を習得させ，または向上させるために支出する費用のうち一定のものをいいます。具体的には，法人が教育訓練等を自ら行う場合の費用（外部講師謝金等，外部施設使用料等），他の者に委託して教育訓練等を行わせる場合の費用（研修委託費等），他の者が行う教育訓練等に参加させる場合の費用（外部研修参加費等）などをいいます。

> **チェックポイント！**
>
> ■ 教育訓練中に従業員に支払った給与を教育訓練費に含めていませんか。
> ⇒ 教育訓練期間中に当該従業員に支払った給与等の人件費は、教育訓練費には含まれません。また、教育訓練担当部署に勤務する従業員の給与等の人件費も、教育訓練費には含まれません。
> ■ 教育訓練を受ける従業員に支給する交通費・旅費を教育訓練費に含めていませんか。
> ⇒ 教育訓練を受ける従業員に支給する交通費・旅費は教育訓練費に含まれません。
> ■ 自社の役員や従業員を講師にした場合に支払った人件費や講師料を教育訓練費に含めていませんか。
> ⇒ 講師に対する謝金等が教育訓練費になるのは、当該講師を外部から招聘した場合に限られます。

2－4　上乗せ措置を利用する場合（くるみん等取得要件）

【適用要件】

次のいずれかを満たす場合

① 適用事業年度期末でプラチナくるみん認定もしくはプラチナえるぼし認定を取得済

② 令和4年4月1日以降の基準を満たす、くるみん認定もしくはくるみんプラス認定の適用事業年度中の取得

③ えるぼし二段階目以上の適用事業年度中の取得

【税額控除率の上乗せ】

くるみん等取得要件のみを利用した場合の税額控除率は20％（通常要件15％＋くるみん等取得要件5％＝20％）となります。

2.5％以上賃上げ要件や教育訓練費5％以上増加要件との併用も可能です。全て合わせると、15％＋15％＋10％＋5％＝45％の控除率となりますが、その場合でも、法人税額の20％が税額控除額の上限である点は変わりません。

> **チェックポイント！**
>
> ■ プラチナえるぼしあるいはプラチナくるみん以外は，取得したその期だけの恩典だと理解していますか。
> ⇒ たとえばくるみん認定は認定を受けた期には上乗せ要件で使えても，翌期には使えません。

2—5　中小企業者等税額控除限度額の枠取りと繰越申告

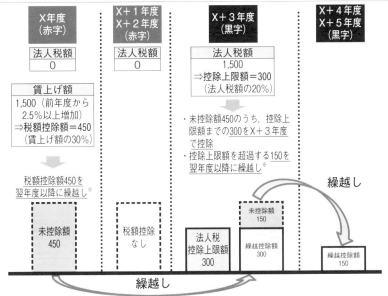

※未控除額を翌年度以降に繰り越す場合は，未控除額が発生した年度の申告において，「給与等の支給額が増加した場合の法人税額の特別控除に関する明細書」を提出する必要があります。

　中小企業者等では，赤字になり税額が生じないと賃上げ促進税制の税額控除ができないため，賃上げのインセンティブに欠けるとの指摘があ

り，令和6年度改正により，一定の手当がされました。

具体的には，各事業年度で「中小企業者等税額控除限度額」が生じている場合，税額が小さいために，最終的な「法人税額の特別控除額」が「中小企業者等税額控除限度額」を上回る場合，この「繰越税額控除限度超過額」を5年間繰越する制度が創設されました（措法42の12の5④）。

この繰越により控除税額の枠取りができることになり，対前年比で賃上げを実施した事業年度には限られますが，赤字の中小企業者等であっても，将来的な税額控除のチャンスが生まれることで，賃上げのインセンティブが生じることが期待されています。

> チェックポイント！

- ■ 申告書別表6⑵⑷で，「中小企業者等税額控除限度額」（40欄）がプラスになっている場合，「当期税額基準額」（42欄）との大小関係を確認していますか。
  - ⇒ ここで全額消化できていない場合，修正申告などで法人税額が増加した場合，賃上げ促進税制による税額控除で追加的な税負担を減らすことが可能です。ただし，そのためには，当初申告の段階で，賃上げ促進税制の別表を提出しておかなければなりません。「法人税額の特別控除額」（51欄）がゼロだというだけで申告書を提出しなければ，後で関与先とトラブルになる恐れがあります。
- ■ 前期で法人税額の特別控除額がゼロでも別表6⑵⑷の40欄がプラスの場合，別表6⑵⑷と同付表1を提出していますか。
  - ⇒ 前期時点で提出しておかないと，繰越税額控除限度超過額の繰越ができていないため，今期以後の事業年度で本来可能だった控除ができません。毎期繰越が必要です。
- ■ 法人税額が生じていない場合でも，雇用者給与等支給額増加額（6欄）がプラスになっていないか，雇用者給与等支給額増加割合（7欄）が2.5％以上かどうかの確認を毎期行っていますか。
  - ⇒ 雇用者給与等支給増加割合（7欄）が1.5％以上であれば，「中小企業者等税額控除限度額」（40欄）がプラスになっているため，先のポイントで書いた内容の検討が必要になります。また，雇用者給与等支給増加割合（7欄）が1.5％未満で「中小企業者等税額控除

限度額」(40欄) がゼロの場合であっても、雇用者給与等支給額増加額 (6欄) がプラスの場合 (比較雇用者給与等支給額 (5欄) = 0の場合を除く)、繰越税額控除限度超過額の利用が可能です。上記の確認作業を行わなければ、この点を失念して過誤になります。

2—6 大法人向け (全企業向け)・中堅企業向け・中小企業者等向けの3区分

全企業向け

必須要件 (賃上げ要件)
上乗せ要件① 教育訓練費[※2]
上乗せ要件② (新設) 子育てとの両立・女性活躍支援[※3]

・適用対象:青色申告書を提出する全企業又は個人事業主[※4]

継続雇用者の給与等支給額 (前年度比)	税額控除率[※1]
+3%	10%
+4%	15%
+5% (新設)	20%
+7% (新設)	25%

＋ 前年度比+10% ⇒ 税額控除率を5%上乗せ

＋ プラチナくるみん or プラチナえるぼし ⇒ 税額控除率を5%上乗せ

(中小企業も活用可能!)

中堅企業向け (新設)

・適用対象:青色申告書を提出する従業員数2,000人以下の企業又は個人事業主[※5] (その企業及びその企業との間にその企業による支配関係がある企業の従業員数の合計が1万人を超えるものを除く。)

継続雇用者の給与等支給額 (前年度比)	税額控除率[※1]
+3%	10%
+4%	25%

＋ 前年度比+10% ⇒ 税額控除率を5%上乗せ

＋ プラチナくるみん or えるぼし三段階目以上 ⇒ 税額控除率を5%上乗せ

(中小企業も活用可能!)

中小企業向け

・適用対象:青色申告書を提出する中小企業者等 (資本金1億円以下の法人、農業協同組合等) 又は従業員数1,000人以下の個人事業主

全雇用者の給与等支給額 (前年度比)	税額控除率[※1]
+1.5%	15%
+2.5%	30%

＋ 前年度比+5% ⇒ 税額控除率を10%上乗せ

＋ くるみん以上 or えるぼし二段階目以上 ⇒ 税額控除率を5%上乗せ

中小企業は、賃上げを実施した年度に控除しきれなかった金額の**5年間の繰越し**が可能[※6] (新設)
中小企業は、要件を満たせば、大・中堅企業向けの制度を活用することが可能

令和6年度改正により、賃上げ促進税制は、【1】大法人向け (全企業向け) (措法42の12の5①)【2】中堅企業向け (同②)【3】中小企

業者等向け（同③）の３種類に制度が分かれることになりました。

> **チェックポイント！**

- ■ 大法人あるいは大法人の子会社については，従来の大法人向け（全企業向け）だけでなく，令和6年度改正により新設された中堅企業向け制度の適用が可能になっている場合がある点を検討していますか。
  - ⇒ 中堅企業向けの枠は，常時使用従業員数2,000人以下（その法人およびその法人との間にその法人による支配関係がある法人の常時使用従業員数の合計が1万人を超えるものは除く）の場合に適用可能です。
- ■ 大法人向け・中堅企業向けの場合，継続雇用者給与等支給額についての集計が必要であり，給与の集計方法が異なる点を理解していますか。
  - ⇒ 前期・今期で24ヶ月毎月給与支給があるものが対象とされています。
- ■ 大法人向け・中堅企業向けの場合，一定の場合には，マルチステークホルダー方針の公表とその旨の届出が必要であることを理解していますか。
  - ⇒ ①資本金10億円以上かつ従業員数1,000人以上，もしくは，②従業員数2,000人超のいずれかに該当すると，マルチステークホルダー方針の公表と届出が必要になります。申告書添付の証明書入手に注意が必要です。
    また，最近，下請法違反により，日産は賃上げ促進税制が使えなくなった旨の報道がありました（朝日新聞デジタル）。マルチステークホルダー要件に抵触したものと考えられます。
- ■ 大法人向け・中堅企業向けの場合，賃上げ促進税制が使えない場合でも，継続雇用者給与等支給額の集計が必要になる場合がある点を理解していますか。
  - ⇒ 研究開発費税制等の適用を行う場合には，措法42条の13⑤のいわゆるムチ税制適用対象になるかの別表作成が必要になり，その際に，継続雇用者給与等支給額の集計が必要となります。賃上げ促進税制が適用にならないだけで集計が不要と言わないようにしましょう。

＜主な用語の定義＞

「継続雇用者給与等支給額」
・継続雇用者（前事業年度および適用事業年度の全月分の給与等の支給を受けた国内雇用者）に対する給与等の支給額の合計額をいいます。

「雇用者給与等支給額」
・全ての国内雇用者に対する給与等の支給額の合計額をいいます。継続雇用者に限定されません。

「控除対象雇用者給与等支給増加額」
・適用事業年度の雇用者給与等支給額から前事業年度の雇用者給与等支給額を控除した金額をいいます。

「教育訓練費」
・国内雇用者の職務に必要な技術または知識を習得させ，または向上させるために支出する費用のうち一定のものをいいます。

「調整雇用者給与等支給増加額」
・適用年度の雇用安定助成金額を控除した「雇用者給与等支給額」から，前事業年度の雇用安定助成金額を控除した「比較雇用者給与等支給額」を控除した金額をいいます。

3 申告書のチェックポイント

【別表6⑷】

（「1 期末現在の資本金の額」「2 期末現在の常時使用する従業員の数」を記載しているか）

○青色申告か（白色申告は適用不可）
○対象法人は中小企業者等の場合，次のいずれかに該当する法人か
 ・措法42の4⑲七に規定する中小企業者
 ・農協協同組合等

「5 比較雇用者給与等支給額」欄が，前期申告書の「4 雇用者給与等支給額」欄と合致しているか。

「6 雇用者給与等支給増加額」欄がプラスか。

「7 雇用者給与等支給増加割合」欄が0.015以上（1.5％以上）であるか。

＜令和6年3月31日以前開始事業年度の場合＞
「28 中小企業者等税額控除限度額」欄
「45 当期税額控除額」欄
45欄がゼロでも，28欄がプラスの場合，枠取りのために別表を記載して申告しておく必要あり。逆に，28欄がゼロであれば，当期分での枠取りの必要はない。
なお，修正申告の段階で，税額が変動する可能性があるので，28欄と45欄との関係を都度確認する必要がある。

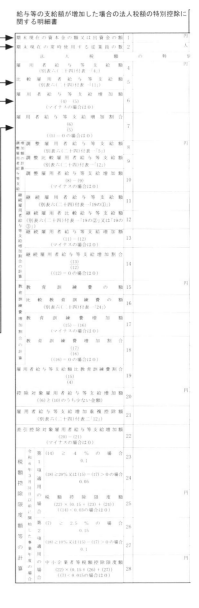

29 中小企業向け賃上げ促進税制　169

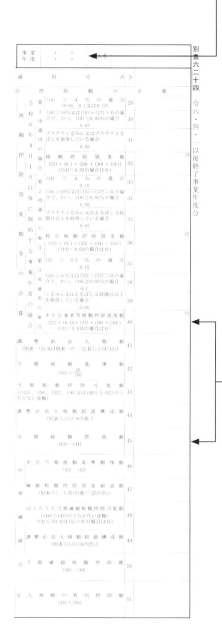

「事業年度」欄が，令和6年4月1日から令和9年3月31日までに開始する事業年度であるか。

(用語)
国内雇用者：法人の使用人（役員の特殊関係者（注）および使用人兼務役員を除く。）のうち国内の事業所に勤務する雇用者
(注)　役員の特殊関係者とは，次に掲げる者をいう。
① 　役員の親族
② 　役員と婚姻の届出をしていないが事実上婚姻関係と同様の事情にある者
③ 　上記①②以外の者で役員から生計の支援を受けているもの
④ 　上記②③の者と生計を一にするこれらの者の親族

＜令和6年4月1日以後開始事業年度の場合＞
「40　中小企業者等税額控除限度額」欄
「45　当期税額控除額」欄
45欄がゼロでも，28欄がプラスの場合，枠取りのために別表を記載して申告しておく必要あり。逆に，45欄がゼロであれば，当期分での枠取りの必要はない。ただし，その場合でも，「47　繰越税額控除限度超過額」があれば，控除が可能な場合がある。なお，修正申告の段階で，税額が変動する可能性があるので，40欄と45欄との関係を都度確認する必要がある。

【別表6⑷付表1】

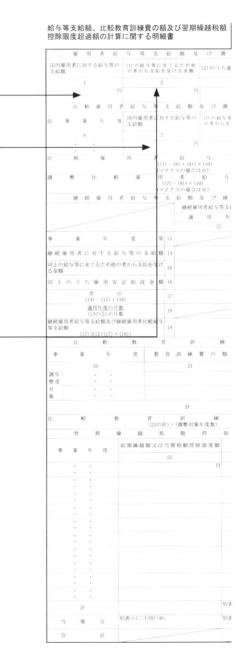

給与等支給額、比較教育訓練費の額及び翌期繰越税額控除限度超過額の計算に関する明細書

「1・7 国内雇用者に対する給与等の支給額」欄
損金の額に算入される給与等の金額か。
また、国内雇用者に対する給与等の支給額の計算において、使用人から役員の特殊関係人は除かれているか。
最近の税務調査では、雇用者給与等支給額の計算基礎資料の提出を求められるため、申告書作成段階で作成しておくことが有用。p.172の「○調整雇用者給与等支給額の計算」等を参照。

「2(8) 他の者から支払を受ける金額」欄
雑収入などの内訳書で把握できる人件費補填収入の額が漏れなく記載されているか確認しているか。この点も、上述の雇用者給与等支給額の計算基礎資料作成段階で確認しておく必要がある。

29 中小企業向け賃上げ促進税制　171

「7・8・9・11・12　比較雇用者給与等支給額　など」
前期申告書で賃上げ促進税制別表を提出している場合には，必ず照合されることになっている。組織再編など特殊な事由がある場合以外，前期の数字と合致しない場合は，間違いの可能性が高いものとして調査選定対象になりやすい。適用要否検討のための計算結果，添付不要と判断される場合は，そもそも提出すべきではない。提出すべき場合と提出すべきでない場合の区別を付ける必要がある。

「10　適用年度の月数……」欄
事業年度を変更している等で，前期と当期の月数が異なる場合の給与等支給額の調整計算は適正に行われているか。

「3（9）　雇用安定助成金額」欄
雇用安定助成金額（「国又は地方公共団体から受ける雇用保険法第62条第1項第1号に掲げる事業として支給が行われる助成金その他これに類するものの額」措法42の12の5⑤六イ）については，2欄（8欄）の中に含まれていても，計算上別扱いする。雇用調整助成金が典型例。
なお，助成金の中には，例えば，雇用保険法第62条第1項第6号に掲げる事業として支給が行われる助成金もある。一見すると，文言上「これに類するものの額」に読めそうだが，通達解説によると，「同様の趣旨で支給が行われるものが該当し，例えば雇用調整助成金に上乗せして地方公共団体から支給される助成金が該当する」とされているのみである。

○調整雇用者給与等支給額の計算

加・減	科目等	F/S	金額	コメント
加算	給与	P/L		
加算	賞与	P/L		
加算	賃金	C/R		
加算	賃金（原）	C/R		
加算	（支払）出向者負担金			
加算				
加算				
加算	決算仕訳調整欄			あれば
減算	使用人兼務役員の使用人分給与・賞与			使用人兼務役員は制度対象外
減算	役員の親族従業員の給与・賞与等			
減算	国外勤務従業員の給与・賞与等			
減算				
減算				
減算	決算仕訳調整欄			
差引	国内雇用者に対する給与等の支給額【1】			

	（受入）出向者負担金			
	補助金・助成金（雇用安定助成金）【3】			
	補助金・助成金（その他）			
計	給与充当のため他の者から支払いを受ける額【2】			

	雇用者給与等支給額【4】			【1】-【2】+【3】

	調整雇用者給与等支給額【5】			【1】-【2】

29 中小企業向け賃上げ促進税制　173

○調整比較雇用者給与等支給額の計算

加・減	科目等	F/S	金額	コメント
加算	給与	P/L		
加算	賞与	P/L		
加算	賃金	C/R		
加算	賃金（原）	C/R		
加算	（支払）出向者負担金			
加算				
加算				
加算	決算仕訳調整欄			あれば
減算	使用人兼務役員の使用人分給与・賞与			使用人兼務役員は制度対象外
減算	役員の親族従業員の給与・賞与等			
減算	国外勤務従業員の給与・賞与等			
減算				
減算				
減算	決算仕訳調整欄			
差引	国内雇用者に対する給与等の支給額【7】（前期）			

	（受入）出向者負担金			
	補助金・助成金（雇用安定助成金額）【9】			
	補助金・助成金（その他）			
計	給与充当のため他の者から支払いを受ける額【8】（前期）			

	比較雇用者給与等支給額【11】		【7】−【8】+【9】	

	調整比較雇用者給与等支給額【12】		【7】−【8】	

30 補助金・助成金・支援金

1 制度のあらまし

　税務調査では、補助金・助成金の未収計上もれが問題になります。
　補助金・助成金は3通りあり、①設備投資を補助・助成するもの、②経費を補助・助成するもの、③その他のいずれに当たるかを意識する必要があります。交付要項や募集要項等を見て判断しますが、申請時に提出した申請書写しを見ないと判明しないものもあるので注意が必要です。
　違反等があった場合の返還の有無によって取扱いを分ける必要があるため、交付決定通知だけでなく、確定通知を入手する必要があります。
　特に税務調査では、既に生じている経費への実費弁償である②の補助・助成金についての指摘が多く見受けられます。つまり、今期に計上した費用に対応する収入ついて、交付が確定する前に未収計上が必要であることから、誤解や計上失念の事例が多くなっています。
　また、賃上げ促進税制においては、上記②のうち、給与に充てるため他の者から支払を受ける一定の助成金を控除する必要があります。雇用安定助成金額に該当するか否かの区別も重要です。

2 解説とチェックポイント

2—1 設備投資を補助・助成するもの(事業再構築補助金など)

　交付申請から手続に日数を要する設備投資関係の補助金収益計上時期については注意が必要です。通常、国庫補助金等の収益計上時期は交付決定日が原則とされていますが、事業再構築補助金は交付額確定日での収益計上とされています（税務通信3670号）。圧縮記帳も考慮すれば、

交付額確定日での収益計上が間違いが生じにくいと思われます。

> **チェックポイント！**
>
> ■ 補助金・助成金・支援金については，交付要綱等を入手して，内容を確認していますか。
>   ⇒ 収益計上時期の検討や税額控除での差引計算の対象になるかは，交付要綱等による内容確認が必須になります。
> ■ 補助金の決定通知には２種類あることを理解していますか。
>   ⇒ 決定通知には，交付決定通知と，その後の確定決定通知の２種類があります。圧縮記帳は後者の確定決定通知の時期で判断しますが，関与先が両者を混同している例が多々見受けられるので注意が必要です。
> ■ 固定資産を取得するための補助金に係る圧縮記帳について，固定資産の取得が補助金の交付・確定に先行する場合の措置法上の税額控除では，圧縮予定額を控除して計算することを失念していませんか。
>   ⇒ 控除せず税額控除を行うと，次期で圧縮記帳が許されない取扱いとされている点に注意が必要です。
> ■ 措置法の優遇税制を使わせない補助金があることを確認していますか。
>   ⇒ このことが交付要綱で規定されていた過去の補助金の例があります。交付要綱を入手しないと危険です。

2−2　経費を補助・助成するもの（雇用調整助成金など）

　雇用調整助成金は，既に生じている経費の支出を補塡するものであるため，交付決定がなくても未収入金の計上が必要です。実施事業年度に支給額が確定していなくても，支給額を見積もって支給申請の日の属する事業年度の収益として計上する必要があります（法基通２−１−42）。

　雇用調整助成金以外にも同様の性格の助成金等には，①中小企業創出人材確保助成金，②中小企業雇用創出等能力開発助成金，③キャリア形成促進助成金，④高年齢者共同就業機会創出助成金，⑤育児・介護費用助成金などがあり，見積り計上が必要になります。

2－3　中小企業向け賃上げ促進税制との関係

　雇用者給与等支給額については，給与等に充てるため他の者から支払を受ける助成金がある場合にはこれを控除して計算します。この助成金のうち，雇用保険法62条1項1号に基づくものを雇用安定助成金額といいます。具体的には産業雇用安定助成金または緊急雇用安定助成金の額と，これらに上乗せして支給される助成金の額があります。

> **チェックポイント！**
>
> ■　適用有無の判定について，雇用調整助成金の支給を受けた場合の取扱いに誤りはありませんか。
> ⇒　賃上げ促進税制の適用有無を判定する際は，他の者から支払を受ける金額からは雇用保険法62条1項1号に掲げる雇用安定助成金額は除いて判定します。そのため，雇用調整助成金額は給与等支給額に含めて判定します。

> **チェックポイント！**
>
> ■　賃上げ促進税制では，補助金・助成金等の内容を確認して，人件費補塡分を抽出していますか。
> ⇒　設備補助・人件費補助・その他の経費補助などの内容を確認して，圧縮記帳の対象になるか，賃上げ促進税制での控除項目になるかを確認する必要があります。また，雇用調整助成金は，賃上げ促進税制では雇用安定助成金額に該当するため申告書上の区別が必要です。
> ■　消費税の仕入税額控除分の報告・返還を求める補助金・助成金等が存在することを理解していますか。
> ⇒　消費税の仕入税額控除分を確定時点で報告，控除相当額を返金させる補助金等があります。税理士に照会がある前に，報告書提出時の段階で交付要綱等を確認しておくことが望ましいでしょう。

2―4　固定資産取得時期が補助金確定時期に先行する場合

　取得した特定資産について税額控除や特別償却制度を適用する場合で，かつ，その取得した事業年度の翌事業年度以降に国庫補助金等の交付を受けて圧縮記帳を適用する場合，税額控除あるいは特別償却の償却限度額の計算の基礎となる取得価額は国庫補助金等の交付予定金額を控除した金額とされています。

　もし，固定資産取得時に交付予定額を控除しておかないと，翌事業年度での圧縮記帳が許されないこととなっているので，実務的には必須処理です。

　なお，固定資産を先行取得して翌期に圧縮記帳を行う場合の申告書記載例は下記です。

（取得価額5,000万円，2,500万円の補助金で前期取得時に減価償却500万円計上済翌期で圧縮記帳を行う事例）

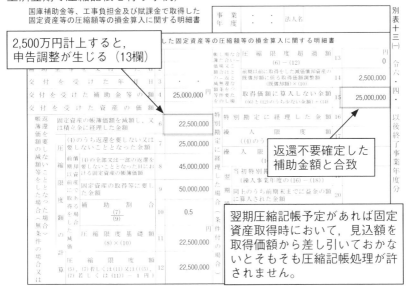

2－5 その他

　その他，具体的な経費の補填ではなく一定基準に基づいて支給される助成金については収益の見積計上は要求されず，支給決定を受けた事業年度に収益計上すればよいとされています（法基通 2 - 1 -42（注））。

　具体的には雇用保険法の規定による定年の延長奨励金や高年齢者雇用確保助成金，障害者の雇用促進等に関する法律の規定による身体障害者雇用調整金などが該当します。

　例えば継続雇用制度奨励金は，定年の引上げや勤務延長，再雇用など一定の要件を満たすときに申請することで受給できる奨励金です。このような奨励金は支給決定のあった日の属する事業年度で収益に計上します。

　同様な奨励金等には，①新規・成長分野雇用奨励金，②特定求職者雇用開発助成金，③緊急雇用創出特別奨励金などがあります。

> **Column 6** 公認会計士が税法を学ぶこと

今の公認会計士は真面目に税法も学んでいるのかもしれませんが，私の時代は，税法の基礎も全くわからないままでした。

もちろん，公認会計士の三次試験で租税法がありますので，勉強はするわけですが，基本，法人税について，計算規定を学ぶのが精一杯でした。中村利雄先生の本（「法人税法要論」）などを先輩に勧められ，読んでは見たものの，頭に入りません。

その後，税理士実務に入って，各種の質疑応答を見るも，どうしてこうなるのか，というのが全くわからない。この場合はこうなのに，なぜこの場合はこうなのか，というのが想像できない。五里霧中の時代でした。

で，どうしてこうなったかというと，要するに，条文を読まなきゃいけない，という意識がなかったからなのですね。いろんなテキストも，質疑応答も，要するに，全ては条文が基礎にあるわけです。その意味で，条文を読まずに勉強したつもりになったって，何もわからずじまいのままというのは，当たり前だったわけです。

条文がすべての基礎にある。
税理士なら最初に，いろはのいで習うことです。

しかし，それが当たり前でないのが，公認会計士の悲しさでした。
税理士の当たり前に辿り着くまでに，10年近く要してしまいました。
そこから，私の税法の本当の意味での勉強が始まったといえます。
その意味で，私は，大阪勉強会では，常に学ぶ身です。

ただ，同じようにわからない人の気持ちがわかる。
それだけが，私の強みかもしれないなと思うことがあります。

ちょと脱線しましたが，税法を学ぶ以上，条文が何よりだ。
そういう気持ちを持つことが，公認会計士が税法を学ぶ上で大事なんじゃないかと。

（濱田康宏）

31 土地・借地権

1 制度のあらまし

　土地を取得するために要した金額については，土地の取得価額として処理します。土地は非償却資産であることから，特にその取扱いには注意する必要があります。また，借地権についても同様です。

2 解説とチェックポイント

2－1 土　地

　法人税基本通達では，次の金額は，土地の取得価額に算入することとされています（法基通7-3-5・7-3-6）。

(1) 法人が土地，建物等の取得に際し，当該土地，建物等の使用者等に支払う立退料その他立退きのために要した金額

(2) 法人が建物等の存する土地を建物等とともに取得した場合または自己の有する土地の上に存する借地人の建物等を取得した場合において，その取得後おおむね1年以内に当該建物等の取壊しに着手する等，当初からその建物等を取り壊して土地を利用する目的であることが明らかであると認められるときは，当該建物等の取壊しの時における帳簿価額および取壊費用の合計額

　一方，土地の取得に要した借入金の利子の取扱いについて定めた法人税基本通達7-3-1の2では，「固定資産を取得するために借り入れた借入金の利子の額は，たとえ当該固定資産の使用開始前の期間に係るものであっても，これを当該固定資産の取得価額に算入しないことができるものとする。」としています。

そのほか、次に掲げるような費用の額は、たとえ固定資産の取得に関連して支出するものであっても、これを固定資産の取得価額に算入しないことができます（法基通7-3-3の2）。
(1) 不動産取得税または自動車取得税や登録免許税その他登記または登録のために要する費用などの租税公課等の額
(2) 建物の建設等のために行った調査、測量、設計、基礎工事等でその建設計画を変更したことにより不要となったものに係る費用の額
(3) 一旦締結した固定資産の取得に関する契約を解除して他の固定資産を取得することとした場合に支出する違約金の額

なお、法人の土地譲渡益については、その年の1月1日における所有期間が5年以内のものは10％、5年超のものは5％を通常の法人税額に追加して課税しますが、令和5年度改正により、土地譲渡益重課の不適用措置が令和8年3月31日まで延長されています。

チェックポイント！

■ 当初から土地を利用する目的で取得した土地付建物について、取得後おおむね1年以内に建物を取り壊した場合に、その建物の帳簿価額および取壊費用を取り壊した事業年度に損金算入していませんか。
⇒ 法人が建物等の存する土地を建物等とともに取得した場合または自己の有する土地の上に存する借地人の建物等を取得した場合において、その取得後おおむね1年以内に当該建物等の取壊しに着手する等、当初からその建物等を取り壊して土地を利用する目的であることが明らかであると認められるときは、当該建物等の取壊しの時における帳簿価額および取壊費用の合計額は、当該土地の取得価額に算入します（法基通7-3-6）。
■ 土地取得時に不動産取得税を支払う場合、取得価額に算入する方法と算入しない方法のどちらも認められていることを理解していますか。
⇒ 不動産取得税、特別土地保有税のうち土地の取得に対して課されるもの、登録免許税その他登記または登録のために要する費用の額は取得価額に算入しないことができます（法基通7-3-3の2(1)）。
■ 固定資産を取得するために借り入れた借入金の利子の額は、取得価

額に算入しないことができるのに，取得価額に加算していませんか。
⇒ 借入金の利子の額を建設中の固定資産に係る建設仮勘定に含めたときは，その利子の額は固定資産の取得価額に算入されたことになります（法基通7-3-1の2）。
■ 譲渡代金以外に固定資産税相当額を収受することがないか，売買契約書を確認していますか。
⇒ 土地・建物等の売買契約書において，買主負担とされている固定資産税相当額は当該固定資産の取得価額と考えられています。

2-2　借地権

　借地権の取得価額には，土地の賃貸借契約または転貸借契約にあたり借地権の対価として土地所有者または借地権者に支払った金額のほか，これらの契約にあたり支出した手数料その他の費用の額などを含みます。

チェックポイント！

■ 賃借した土地を改良するために行った地盛り，地ならし，埋立てなどの整地費用の額が借地権となることを理解していますか。
⇒ 借地権の取得価額には，次のような金額が含まれます。
　(1) 借地契約にあたって，土地所有者に支払った借地権の対価の額
　(2) 借地契約にあたって，支払った手数料などの費用の額
　(3) 賃借した土地を改良するために行った地盛り，地ならし，埋立てなどの整地費用の額
　(4) 建物などを増築や改築するにあたって，その土地の所有者に支払った費用の額
　(5) 土地の上にある建物などを取得した場合に，その建物などの買入価額のうちに借地権の対価が含まれているときのその金額
　　　ただし，その金額が建物などの買入価額のおおむね10％以下であるときは，建物などの取得価額に含めることができます。
　(6) 借地権付きの建物を取得した場合において，その取得後おおむね1年以内に建物の取壊しに着手するなど，当初から建物を取り壊して借地権を利用する目的であることが明らかなときの建物の帳簿価額や取壊費用の額

2—3 権利金の認定課税について

　法人が所有する土地を他人に賃貸し，建物などを建てさせたときには，借地権が設定されたことになります。この場合，通常，権利金を収受する慣行があるにもかかわらず権利金を収受しないときは，権利金の認定課税が行われます。

　ただし，次のいずれかに該当する場合には，権利金の認定課税は行われません。

(1) その土地の価額からみて，相当の地代を収受している場合
(2) その借地権の設定等に係る契約書において，将来借地人がその土地を無償で返還することが定められており，かつ，「土地の無償返還に関する届出書」を借地人と連名で遅滞なくその法人の納税地を所轄する税務署長に提出している場合

　上記(1)の場合，実際に収受している地代が相当の地代より少ないときは，その差額に相当する金額を借地人に贈与したものとして取り扱います。

　なお，相当の地代はおおむね3年以下の期間ごとに見直しを行う必要があります。

3　記載例

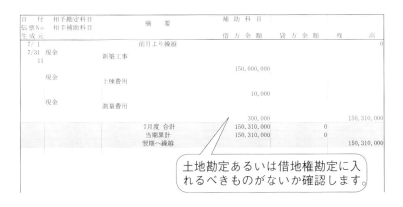

32 繰延資産

1 制度のあらまし

　繰延資産とは，法人が支出する費用のうち，支出の効果がその支出の日以後1年以上に及ぶもので，次に掲げるものと定義されています（法令14）。

① 創立費……発起人に支払う報酬，設立登記のために支出する登録免許税その他法人の設立のために支出する費用で，当該法人の負担に帰すべきもの

② 開業費……法人の設立後事業を開始するまでの間に開業準備のために特別に支出する費用

③ 開発費……新たな技術もしくは新たな経営組織の採用，資源の開発または市場の開拓のために特別に支出する費用

④ 株式交付費……株券等の印刷費，資本金の増加の登記についての登録免許税その他自己の株式（出資を含む）の交付のために支出する費用

⑤ 社債等発行費……社債券等の印刷費その他債券（新株予約権を含む）の発行のために支出する費用

⑥ ①～⑤に掲げるもののほか，次に掲げる費用で，支出の効果がその支出の日以後1年以上に及ぶもの

　イ　自己が便益を受ける公共的施設または共同的施設の設置または改良のために支出する費用

　ロ　資産を賃借しまたは使用するために支出する権利金，立退料その他の費用

　ハ　役務の提供を受けるために支出する権利金その他の費用

ニ　製品等の広告宣伝の用に供する資産を贈与したことにより生ずる費用

　ホ　イからニまでに掲げる費用のほか，自己が便益を受けるために支出する費用

　上記のうち①～⑤までに掲げるものは，企業会計上の繰延資産として税務上もその計上が認められている繰延資産です。

　一方，⑥に掲げるものは，「税法固有の繰延資産」といわれています。

2　解説とチェックポイント

2－1　支出の効果の及ぶ期間

　上記1①～⑤に掲げる企業会計上の繰延資産は，任意償却が認められているのに対し，同1⑥の税法固有の繰延資産については，その支出の効果の及ぶ期間で償却することとされています（法法32①，法令64①）。この「支出の効果の及ぶ期間」については，法人税基本通達に定められており，まとめると次の表のようになります（法基通8－2－3）。なお，支出する金額が20万円未満であるものにつき，損金経理をしたときは，一時の損金とすることができます。

種類	細目	償却期間
公共的施設の設置または改良のために支出する費用（8－1－3）	(1)その施設または工作物がその負担した者に専ら使用されるものである場合	その施設または工作物の耐用年数の7/10に相当する年数
	(2)(1)以外の施設または工作物の設置または改良の場合	その施設または工作物の耐用年数の4/10に相当する年数
共同的施設の設置または改良のために支出する費用（8－1－4）	(1)その施設がその負担者または構成員の共同の用に供されるものである場合または協会等の本来の用に供されるものである場合	イ　施設の建設または改良に充てられる部分の負担金については，その施設の耐用年数の7/10に相当する年数 ロ　土地の取得に充てられる部分の負担金については，45年

	(2)商店街等における共同のアーケード, 日よけ, アーチ, すずらん灯等負担者の共同の用に供されるとともに併せて一般公衆の用にも供されるものである場合	5年（その施設について定められている耐用年数が5年未満である場合には, その耐用年数）
建物を賃借するために支出する権利金等 (8-1-5(1))	(1)建物の新築に際しその所有者に対して支払った権利金等で当該権利金等の額が当該建物の賃借部分の建設費の大部分に相当し, かつ, 実際上その建物の存続期間中賃借できる状況にあると認められるものである場合	その建物の耐用年数の7/10に相当する年数
	(2)建物の賃借に際して支払った(1)以外の権利金等で, 契約, 慣習等によってその明渡しに際して借家権として転売できることになっているものである場合	その建物の賃借後の見積残存耐用年数の7/10に相当する年数
	(3)(1)および(2)以外の権利金等の場合	5年（契約による賃借期間が5年未満である場合において, 契約の更新に際して再び権利金等の支払を要することが明らかであるときは, その賃借期間）
電子計算機その他の機器の賃借に伴って支出する費用（8-1-5(2))		その機器の耐用年数の7/10に相当する年数（その年数が契約による賃借期間を超えるときは, その賃借期間）
ノウハウの頭金等 (8-1-6)		5年（設定契約の有効期間が5年未満である場合において, 契約の更新に際して再び一時金または頭金の支払を要することが明らかであるときは, その有効期間の年数）
広告宣伝の用に供する資産を贈与したことにより生ずる費用 (8-1-8)		その資産の耐用年数の7/10に相当する年数（その年数が5年を超えるときは, 5年）

スキー場のゲレンデ整備費用（8-1-9）		12年
出版権の設定の対価（8-1-10）		設定契約に定める存続期間（設定契約に存続期間の定めがない場合には，3年）
同業者団体等の加入金（8-1-11）		5年
職業運動選手等の契約金等（8-1-12）		契約期間（契約期間の定めがない場合には，3年）

注1　法人が道路用地をそのまま，または道路として舗装のうえ国または地方公共団体に提供した場合において，その提供した土地の価額（舗装費を含みます）が繰延資産となる公共施設の設置または改良のために支出する費用に該当するときは，その償却期間の基礎となる「その施設または工作物の耐用年数」は15年としてこの表を適用します。
　2　償却期間に1年未満の端数があるときは，その端数を切り捨てます。

チェックポイント！

■　開業費または開発費等として繰延資産に計上されているもののうち，経常費的な性格を有する費用が含まれていませんか。
　⇒　開業費は，法人の設立後事業を開始するまでの間に開業準備のために「特別に支出する費用」をいい，開発費は，新たな技術もしくは新たな経営組織の採用，資源の開発または市場の開拓のために「特別に支出する費用」をいいます（法令14①二・三）。
■　資産を賃借するために支出した権利金等の額を一時の損金として処理していませんか。
　⇒　資産を賃借しまたは使用するために支出する権利金，立ち退き料その他の費用で，支出の効果がその支出の日以後1年以上に及ぶものは繰延資産として処理します（法令14①六ロ，法基通8-1-5）。
■　インターネットのホームページ制作を外部の業者に委託した場合に生ずる費用を繰延資産としていませんか。
　⇒　インターネットのホームページのデザインの制作を外部の業者に委託した費用は，一時の損金とすることが認められます。ただし，ホームページの使用期間が1年を超える場合には，その制作費用はその使用期間に応じて均等償却することになります。
　　　また，制作費用の中にプログラムの作成費用が含まれるような

> ホームページについては，その制作費用のうちプログラムの作成費用に相当する金額は無形減価償却資産（ソフトウェア）として耐用年数「5年」を適用して償却することになります（法令13，耐令別表第三）。

2—2　宅地開発等に際して支出する開発負担金等

　法人が固定資産として使用する土地，建物等の造成や建築等の許可を受けるために地方公共団体に対して支出した開発負担金等は，その負担金等の性質に応じて次のとおり取り扱います。

(1)　直接土地の効用を形成すると認められる施設の負担金等は，その土地の取得価額に算入します。

　　たとえば，団地内の道路，公園や緑地，公道との取付道路，流下水路を含む雨水調整池などの負担金等がこれにあたります。

(2)　その施設自体が独立した効用を形成し，法人の便益に直接寄与すると認められる施設の負担金等は，それぞれの施設の性質に応じて無形減価償却資産または繰延資産とします。

　　たとえば，上下水道や工業用水道の負担金については，無形減価償却資産の水道施設利用権または工業用水道施設利用権となり，その償却期間は15年です。また，取付道路を除く団地近辺の道路などの負担金等は，繰延資産となり，その償却期間はその施設の耐用年数の10分の7に相当する年数（1年未満の端数は切り捨てます）になります。

(3)　主として団地の周辺などの住民との関係を調整するために整備される施設の負担金等は，繰延資産となり，その償却期間は8年とされています。

　　たとえば，団地の周辺などに設置されるいわゆる緩衝緑地，文教

福祉施設，環境衛生施設，消防施設等の負担金がこれにあたります。

> **チェックポイント!**

■ アレンジメント・フィーについて，役務提供の内容を確認していますか。
⇒ 資金の借入れを行うために金融機関に支出したアレンジメント・フィーが一時の損金に当たるとして，その支出の効果が1年以上に及ぶものには該当しないと判断した裁決事例があります（福裁（法）令2第8号，令和3年4月27日）。
　審判所は，対価の返還義務がないこと，金銭消費貸借に関してではなく，アレンジメント業務の対価として支払われていること，貸付人に対して支払われた費用ではないこと，アレンジメント・フィーの支出と調達した資金との費用収益の対応関係を客観的に示す事実がないこと，などを判断材料としています。
※アレンジメント・フィーとは
　シンジケートローンを組むにあたり，主幹事となる金融機関が，参加金融機関の募集，融資条件の取りまとめなどのアレンジ業務を行うために債務者から受け取る手数料のこと

3 記載例

> **Column 7**　TAINS を使おう
>
> 　TAINS は，税法に関する裁判例・裁決例だけでなく，課税庁の質疑応答や内部の研修資料などを収録した，実務では必須のデータベースです。
>
> 　過去の経緯もあり，若干検索に癖がある部分もありますが，関係者の努力もあり，徐々に使いやすくなってきています。最近では，裁判例や裁決例でTAINS コードという，TAINS で検索する際のキーとなるコードなどを表示するものも少なくありません。
>
> 　そして，TAINS には，現場の税理士が裁判例や裁決例をそのまま持ち込むこともあり，他のデータベースでは収録されていないものも少なくありません。そのような税理士自身が作り上げてきたネットワークであることが，TAINS の強みであると言えるでしょう。
>
> 　また，実務では，課税庁の内部研修資料などを確認できることも有用です。これらは，開示請求を行って取得したものであり，確定申告期に出てくる各国税局で作成される「誤りやすい事例」などが代表例です。まさに誤りやすい事例が収録されていることから，確定申告期の早期においてチェックしておくことは，税理士実務では必須と言えます。
>
> 　月額数千円で，実務に必須のデータベースが手に入れられる。税理士実務を行う上では，TAINS は利用しない手はない，そういう存在だと言って良いでしょう。
>
> 　　　　　　　　　　　　　　　　　　　　　　　　　　　　（濱田康宏）

33 青色欠損金

1 制度のあらまし

　法人税の所得の計算は，各事業年度ごとに行うことから，前期以前に生じた欠損金額を当期の損金の額に算入することは原則的には認められませんが，例外として，青色欠損金の繰越控除制度があります。

　青色欠損金の繰越控除ができる法人は，欠損金額が生じた事業年度において確定申告書（青色申告書）を提出し，かつ，その後の各事業年度について連続して確定申告書を提出している法人です。

　なお，欠損金額が生じた事業年度の確定申告書の提出と同時に，欠損金の繰戻還付の請求をすることもできます。

2 解説とチェックポイント

2－1 青色欠損金の損金算入

　内国法人の各事業年度開始の日前10年以内に開始した事業年度において生じた欠損金額（既に損金の額に算入されたものおよび欠損金の繰戻しによる還付の計算の基礎となったものを除きます）相当額は，各事業年度の所得の金額の計算上，その事業年度の所得の金額の50％相当額を上限として，損金の額に算入されます（法法57①）。

　なお，中小企業者等である法人（各事業年度終了の時において次に掲げる法人）は，その事業年度の所得の金額相当額が上限となります（法法57⑪）。

　① 普通法人で，資本金の額もしくは出資金の額が1億円以下であるもの（資本金の額が5億円以上の法人等（大法人）による完全支配

関係がある法人および大通算法人を除きます）
② 普通法人で資本もしくは出資を有しないもの（相互会社および大通算法人を除きます）
③ 公益法人等または協同組合等
④ 人格のない社団等

> **チェックポイント！**
>
> ■ 親法人の資本金の額が5億円未満であっても，50％の上限の適用があり得ることを理解していますか。
>   ⇒ 大法人による完全支配関係がある法人は，孫会社等であっても50％制限の適用があります。
> ■ 欠損金額の50％相当額が損金算入限度額と誤解していませんか。
>   ⇒ 50％制限の基準は，その事業年度の所得の金額です。たとえば，欠損金の損金算入前の所得金額が1,000，欠損金額が400の場合は，全額が損金の額に算入されます。

2－2　繰越控除期間

　一般的に，欠損金は10年間繰越しができると理解されていますが，法令上はその事業年度の開始の日前10年以内に開始した事業年度において生じた欠損金が損金に算入されるため，決算期の変更等があった場合には，10期前に生じた欠損金額が損金に算入できない場合があります。

　なお，平成30年3月31日以前に終了した事業年度において生じた欠損金額の繰越期間は9年です。

2－3　損金算入の順序

　繰越欠損金がその事業年度開始の日前10（9）年以内に開始した事業年度のうち2以上の事業年度において生じている場合には，最も古い事

業年度において生じたものから順次損金算入をします。

> **チェックポイント！**
>
> ■ 欠損金の繰戻還付の適用をしているにもかかわらず，翌事業年度において控除未済欠損金額としていませんか。
>   ⇒ 控除未済欠損金額は，欠損金の繰戻還付の対象とした金額を差し引いた金額になります。
>   また，事業税は繰戻還付制度がありませんので，繰戻還付をした場合は法人税と事業税の控除未済欠損金額が異なります。
> ■ 欠損金の利用制限に抵触していませんか。
>   ⇒ 適格現物分配等の適格組織再編成等により，移転元法人の帳簿価額により資産の引継ぎを受けている場合は，欠損金の利用に制限が課される場合があります（法法57④）。
> ■ 内国法人が欠損等法人に該当していませんか。
>   ⇒ 欠損等法人に該当する場合には，欠損等法人の欠損金や含み損を利用した租税回避行為を防止するため，欠損金の損金算入に制限が課される場合があります（法法57の2①）。
>   なお，欠損等法人とは，株主による特定支配関係が生じる前に発生した青色欠損金または評価損資産を有する法人をいいます。

2－4 欠損金の繰戻還付

　その事業年度において生じた欠損金額がある場合には，確定申告書の提出と同時に，その事業年度開始の日前1年以内に開始したいずれかの事業年度を対象に，法人税の還付を請求することができます（法法80①）。

　なお，欠損金の損金算入の50％制限の対象となる法人は，令和8年3月31日までに終了する各事業年度において生じた欠損金額については，繰戻還付の請求ができないこととされています。ただし，清算中に終了する事業年度および解散等一定の場合の事業年度の欠損金額を除きます（措法66の12）。

33 青色欠損金　195

> **チェックポイント！**
>
> ■　確定申告書の提出期限内なら欠損金の繰戻還付の請求ができると誤解していませんか。
> ⇒　確定申告書の提出と同時に還付請求書を提出する必要があります。

3　記載例

【別表七㈠】

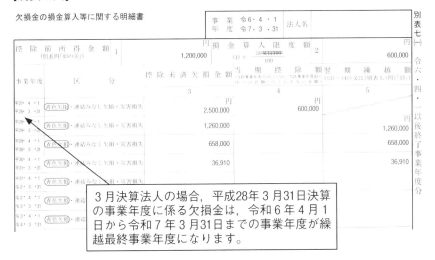

3月決算法人の場合，平成28年3月31日決算の事業年度に係る欠損金は，令和6年4月1日から令和7年3月31日までの事業年度が繰越最終事業年度になります。

34 特例欠損金

1 制度のあらまし

　平成22年度税制改正により廃止された清算所得課税においては、残余財産がない場合には課税されなかったことから、解散時以後の通常の所得計算においても、各事業年度終了の時において残余財産がないと見込まれるときには、所得金額を限度として青色欠損金以外の欠損金を損金に算入させ、税額が生じないように手当てされています。

2 解説とチェックポイント

2－1 損金の額に算入される欠損金額

　法人が解散した場合において、残余財産がないと見込まれるときは、その清算中に終了する事業年度前の各事業年度において生じた欠損金額を基礎として計算した金額に相当する金額は、青色欠損金等の控除後の所得の金額を限度として、その事業年度の所得の金額の計算上、損金の額に算入することとされています。

　損金の額に算入される欠損金額は、清算中に終了する事業年度（以下「適用年度」といいます）終了の時における前事業年度以前の事業年度から繰り越された欠損金額の合計額から、欠損金の繰越控除として適用年度の所得の金額の計算上損金の額に算入される欠損金額を控除した金額です（法法59④、法令117の5）。

　前事業年度から繰り越された欠損金額の合計額とは、その事業年度の確定申告書に添付する別表五(一)の「利益積立金額及び資本金等の額の計算に関する明細書」に期首現在利益積立金額の合計額として記載される

べき金額で，その金額が負（マイナス）である場合のその金額のことをいいます。

> **チェックポイント！**
>
> ■ 別表七(一)の控除未済欠損金額を確認しましたか。
> ⇒ 利益積立金の数値（マイナスを取ったもの）が「欠損金又は災害損失金の損金算入に関する明細書」に控除未済欠損金額として記載されるべき金額に満たない場合には，その控除未済欠損金額として記載されるべき金額が前事業年度から繰り越された欠損金額の合計額になります（法基通12-3-2）。
> ■ 資本金等の額がマイナスとなっている場合，欠損金の合計額に含めていますか。
> ⇒ その適用年度終了の時における資本金等の額が零以下である場合には，その欠損金額の合計額にその資本金等の額の絶対値を加算します（法令117の5）。

2－2　残余財産がないと見込まれるとき

　解散した法人が各事業年度終了の時において債務超過の状態にあるときは，残余財産がないと見込まれるときに該当します（法基通12-3-7・12-3-8）。

　債務超過の状態であるかどうかは，一般的には時価ベースで作成した実態貸借対照表により判定することになります（法基通12-3-9）。

　実態貸借対照表は，一般的に法人の清算にあたって実現が見込まれる損益まで考慮して作成がされますので，たとえば従業員に支給する退職金の予定額はもちろん，法人税の所得金額の計算上，損金の額に算入されないものであっても将来発生が見込まれるものは，実態貸借対照表に計上されます。

　なお，本制度の適用にあたっては，「残余財産がないと見込まれることを説明する書類」を添付しなければなりませんが，実態貸借対照表は

これに該当します（法基通12-3-9）。

> **チェックポイント！**
>
> ■ 実態貸借対照表を作成する場合，その事業年度の所得についてこの規定が適用されなかった場合に課される法人税等を含めていますか。
> ⇒ 法人税等の額に係る債務，いわゆる未払法人税等も含まれます。
> 　実態貸借対照表は，その法人の残余財産がないと見込まれるかどうかの判定をするために作成するものなので，現実に将来支出が見込まれるものは，実態貸借対照表の負債に計上します。

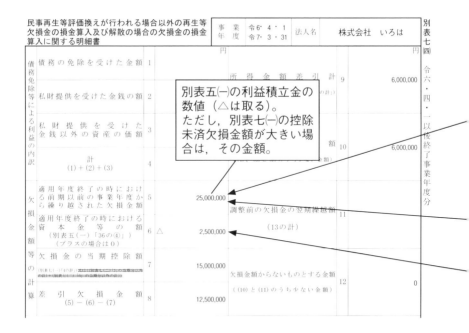

34 特例欠損金

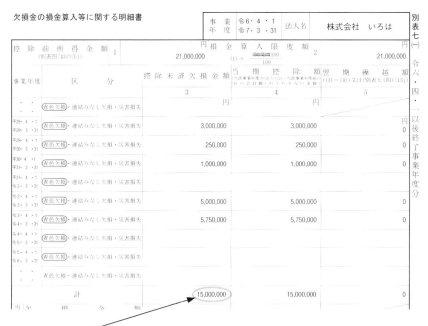

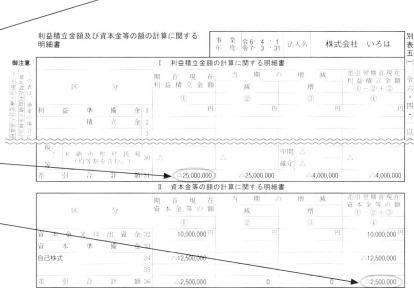

35 留保金課税

1 制度のあらまし

1株主グループが支配する特定同族会社については、通常の法人税のほかに、留保控除額を超えて留保した所得に対し、特別税率による法人税が課されます（法法67）。

2 解説とチェックポイント

2−1 対象となる会社の判定（特定同族会社）

平成18年度税制改正前は3グループ以下で発行済株式の50％を超える株式を保有する同族会社が対象でしたが、改正後は対象となる同族会社が緩和され、1株主グループによって判定します（法法67②）。なお、留保金課税が適用される同族会社を「特定同族会社」といいます。

また、資本金1億円以下の会社や清算中の会社は留保金課税の適用がありません。ただし、資本金5億円以上の法人に完全支配されている会社等は留保金課税の適用があります（法法66⑤二・三・67①）。

> **チェックポイント！**
>
> ■ 会社が自己株式を保有している場合、判定算式上の分母・分子から除いていますか。
> ⇒ 自己株式は、発行済株式から除外し、判定基準となる株主から発行会社を除きます。自己株式の取得をしたゆえに特定同族会社に該当する場合があるため要注意です。
> ■ 株主グループには同族関係者を含めていますか。
> ⇒ 株主の親族のほか、内縁の者やその生計一親族などが含まれます。

またこれらの者の持株割合が50％超である会社も含まれます。
■ 議決権制限株式を発行している場合に議決権による判定を行っていますか。
⇒ 議決権基準と発行済株式基準の両方で判定し，いずれかの基準で50％超に該当すると特定同族会社になります。
■ 株主のうちに法人株主がいる場合，その法人株主の株主構成を確認しましたか。
⇒ 特定同族会社は，1つの株主グループに株式の50％超を保有されている会社（被支配会社）で，被支配会社でない会社に保有されている株式を除外して判定してもなお，被支配会社に該当する会社をいいます（法法67①②）。
■ 期中に増（減）資していませんか。
⇒ 特定同族会社に該当するかは，事業年度終了時に判定します。

2－2　課税対象となる留保金額

留保金に対する特別税額は図表35－1のように計算されます（法法67③）。

留保控除額は，次のうち最も大きい金額です（法法67⑤）。

① 所得等の金額の40％
② 年2,000万円
③ 資本金の額または出資金の額×25％－期末利益積立金額

図表35－1　留保金課税の特別税額の計算

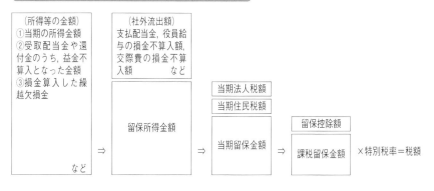

> **チェックポイント！**
>
> ■ 決算後に支払う期末配当を留保金額から控除していますか。
>   ⇒ 期末配当は留保金額の計算上減算する必要があります。また、前期末配当を実施している場合は、当期の留保金額に加算する必要があります（法法67④）。
> ■ 自己株式を取得した場合、利益積立金を減少させる処理を行っていますか。
>   ⇒ みなし配当に相当する金額は社外流出していますので、別表四にて加算流出・減算留保の両建て処理が必要です。
> ■ 適格現物分配による収益を留保金課税の計算上、留保金額および所得等の金額に含めていませんか。
>   ⇒ 組織再編成による利益積立金の増加として留保金額には含めません。
> ■ 利益積立金額がマイナスの場合、留保控除額の計算上、利益積立金額をゼロとしていませんか。
>   ⇒ 利益積立金額がマイナスの場合、資本金の額と利益積立金額のマイナス金額の合計額が積立金基準額となります。

3　記載例

【別表三】

前期末の配当（令和6年5月の株主総会決議）：1,000,000円
今期末の配当（令和7年5月の株主総会決議）：1,200,000円

35 留保金課税　203

特定同族会社の留保金額に対する税額の計算に関する明細書	事業年度	令6・4・1 〜 令7・3・31	法人名	株式会社○○

別表三(一)　令六・四・一以後終了事業年度分

留保金額に対する税額の計算

課税留保金額		税額	
年3,000万円相当額以下の金額 ((21)又は(3,000万円×12/12)のいずれか少ない金額) ①	15,798,000 円	(1)の10%相当額 ⑤	1,579,800 円
年3,000万円相当額を超え年1億円相当額以下の金額 (((21)－(1))又は(1億円×12/12－(1))のいずれか少ない金額) ②	000	(2)の15%相当額 ⑥	
年1億円相当額を超える金額 (21)－(1)－(2) ③	000	(3)の20%相当額 ⑦	
計(21) (1)+(2)+(3) ④	15,798,000	計 (5)+(6)+(7) ⑧	1,579,800

課税留保金額の計算

当期留保金額の計算			住民税額の計算の基礎となる法人税額の計算		
留保所得金額 (別表四「52の②」) ⑨	50,000,000 円		中小企業者等以外の法人 (別表二「2」+「4」+「6」+「9の外書」－「11」－「17」)－(別表六(六)「3」+「9の②」+「9の①」から「9の⑦」までの合計+「9の⑬」から「9の⑳」までの合計+「9の㉑」から「9の㉙」までの合計) ㉒	11,600,000 円	
前期末配当等（通算法人間配当等を除く） ⑩	1,000,000	個別注記表で確認する			
当期末配当等（通算法人間配当等を除く） ⑪	1,200,000		中小企業者等 (別表二「2」+「4」+「6」+「9の外書」－「11」－「17」)－(別表六(六)「3」+「9の②」+「9の①」から「9の⑦」までの合計+「9の⑬」から「9の⑳」までの合計+「9の㉑」から「9の㉙」までの合計) ㉓		
法人税額及び地方法人税額の合計額 ((別表二「2」+「3」+「4」+「6」+「9の外書」+「18」－別表六(六)「5の③」)と0のいずれか多い金額) (別表「31」+「32」+「36」+「65」)+0のいずれか多い金額－(別表二「4」+「6」+「9の外書」のいずれか多い金額) （マイナスの場合は0） ⑫	12,794,800				
住民税額 (28) ⑬	1,206,400				
外国関係会社等に係る控除対象所得税額等相当額 (別表十七(三の六)「1」) ⑭		住民税額	住民税額 ((22)又は(23))×10.4% ㉔	1,206,400	
法人税額等の合計額 (12)+(13)－(14) （マイナスの場合は0） ⑮	14,001,200				
通算法人の留保金加算額 (別表三(一)付表二「5」) ⑯		特定寄附金の額の合計額に係る控除額 (特定寄附金の額の合計額)×40% ㉕			
通算法人の留保金控除額 (別表三(一)付表二「10」) ⑰		住民税額から控除される金額	調整地方税額に係る控除額 ((24)+(別表六(六)「11」+「17」)×10.4%－(別表六(二)付表五「7の計」)×10.4%)×20% （マイナスの場合は0） ㉖		
他の法人の株式又は出資の基準時の直前における帳簿価額から減算される金額 (別表三(一)付表「19」) ⑱					
当期留保金額 (9)+(10)－(11)－(15)+(16)－(17)－(18) ⑲	35,798,800		住民税額から控除される金額 ((25)又は(26)のいずれか少ない金額) ㉗		
留保控除額 (別表三(一)付表「33」) ⑳	20,000,000				
課税留保金額 (19)－(20) ㉑	15,798,000	住民税額	住民税額 (24)－(27) ㉘	1,206,400	

36 単体グループ法人税制

1 制度のあらまし

　平成22年税制改正前において，完全支配関係のあるグループ法人間での資産移転に関しては，適格組織再編成を利用し含み益資産を簿価で移転すれば，容易に無税での移転が可能でした。逆に，含み損資産を時価で移転すれば，比較的容易に税額の軽減が可能であるという実態もありました。そこで，取引間での課税関係の平仄をとり租税回避に対応するため，一体的経営を行っているグループ企業の実態を税務上の取扱いに反映させるという趣旨のもと，平成22年度税制改正においてグループ法人税制が創設されました。

　完全支配関係にある法人間における以下の取引が，グループ法人税制の対象となります。

> 譲渡損益調整資産の譲渡・みなし配当発生時の株式譲渡・寄附金および受贈益・受取配当等・清算

2 完全支配関係

　完全支配関係とは，以下の関係をいいます（法法２十二の七の六）。

> (1) 一の者が法人の発行済株式等の全部を直接または間接に保有する関係（当事者間の完全支配関係）
> (2) 一の者との間に当事者間の完全支配関係がある法人相互の関係

　この「一の者」が個人である場合には，「一の者」には，その者およびこれと特殊関係にある個人が含まれます。

図表36―1　発行済株式等の全部を直接または間接に保有する関係

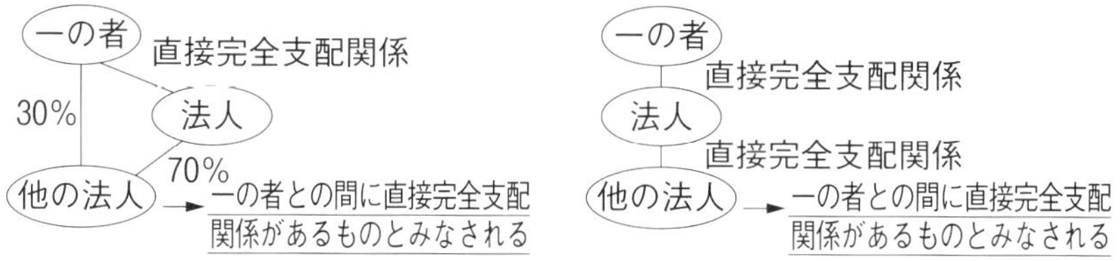

```
一の者　直接完全支配関係
  │
  30%　　法人
  │　　　│70%
他の法人　→ 一の者との間に直接完全支配
　　　　　　関係があるものとみなされる
```

```
一の者
  │　　　直接完全支配関係
  法人
  │　　　直接完全支配関係
他の法人　→ 一の者との間に直接完全支配
　　　　　　関係があるものとみなされる
```

チェックポイント！

- 主な取引先企業の出資者を確認しましたか。
  ⇒ 従兄弟が営む会社とも完全支配関係があります。
- 完全支配関係成立日は確認しましたか。
  ⇒ 株式の購入契約が成立した日ではなく、株主権が行使可能となる株式の引渡しが行われた日で判定します（法基通1-3の2-2）。
- 株式を100％保有していないからといって、完全支配関係ではないと判断していませんか。
  ⇒ 従業員持株会やストックオプションの行使により役員等が保有している株式が5％未満であれば、これらの株式は発行済株式等から除いて完全支配関係の判定をします（法令4の2②）。
  　なお、グループ内で資本関係が完結している場合にも、100％の保有関係がなくても、完全支配関係に該当します。
  （平成22年度税制改正に係る法人税質疑応答事例（グループ法人税制関係）（情報）問4　http://www.nta.go.jp/shiraberu/zeiho-kaishaku/joho-zeikaishaku/hojin/100810/pdf/04.pdf）

3　譲渡損益調整資産の譲渡

　完全支配関係にある法人間で譲渡損益調整資産を譲渡した場合には、譲渡損益を認識しません（法法61の11①）。具体的には、譲渡益が生じた場合には同額を損金に、譲渡損が生じた場合には同額を益金に算入して、譲渡損益を繰り延べることになります。これは、グループ法人間で譲渡を行い含み損を実現させるという租税回避行為を防止するための規定です。

譲渡損益調整資産とは，固定資産，土地（借地権を含みます），有価証券，金銭債権および繰延資産をいいます。ただし，譲渡直前の税務上の帳簿価額が1,000万円未満のものおよび売買目的有価証券は除かれます（法令122の12①）。

　こうして繰り延べられた譲渡損益は，譲受法人において，次の①から⑨の事由が生じた時に，その繰延譲渡損益の全額または一部が，譲渡元法人において実現することになります（法法61の11②）。また，譲渡元法人と譲受法人との間に完全支配関係がなくなった場合にも，その繰延譲渡損益の全額を実現させる必要があります（法法61の11③）。

① 譲渡，貸倒れ，除却その他これらに類する事由（全額実現）
② 適格分割型分割による外部の分割承継法人への移転（全額実現）
③ 譲受法人が公益法人等に該当することとなったこと（全額実現）
④ 評価換え（全額認識）
⑤ 減価償却資産の減価償却（一部実現）
⑥ 繰延資産の償却（一部実現）
⑦ 譲渡損益調整資産と同一銘柄の有価証券の譲渡（一部実現）
⑧ 償還有価証券の調整差損益の益金・損金算入（一部実現）
⑨ グループ通算制度開始・加入時の一定の時価評価損益の認識（全額実現）

> チェックポイント！

■ 通知義務を怠っていませんか。
　⇒ 譲渡損益調整資産を譲渡した場合には譲渡法人が譲受法人へ，上記①から⑨の実現事由が生じた場合には譲受法人が譲渡法人へ通知する必要があります（法令122の12⑰～⑲）。通知がないと，繰延譲渡損益の戻入れを失念する可能性があります。
■ 譲渡損益調整資産を完全支配関係がある法人に再譲渡したら，当初繰り延べた譲渡損益は実現しないと勘違いしていませんか。
　⇒ 再譲渡先が完全支配関係がある法人かどうかにかかわらず，当初繰り延べた譲渡損益は，再譲渡時に実現します。
■ 完全支配関係にある法人間での非適格合併時に譲渡損益調整資産を

時価により移転していませんか。
⇒　完全支配関係にある法人間での非適格合併では，資産の移転元法人が消滅するため，例外的に帳簿価額により移転することになります（法法61の11⑦）。

■　保険契約の譲渡に伴う譲渡損益を繰り延べていませんか？
⇒　保険契約は，契約上の地位の譲渡であって金銭債権に該当しないため，譲渡損益は繰り延べされません。

■　不動産を譲渡した場合の未経過固定資産税や未経過自動車税を譲渡対価に含めていますか。
⇒　未経過固定資産税等は，税務上は不動産の譲渡対価の一部であるため，繰延べの対象となります。

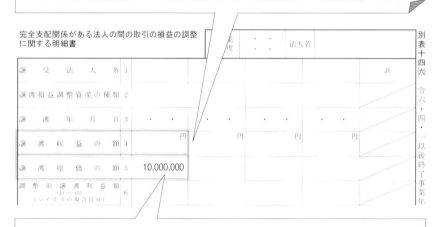

■　帳簿価額が1,000万円未満か否かの判定を税務上の帳簿価額でしていますか。
⇒　譲渡損益調整資産の判定に利用する帳簿価額は，会計上の帳簿価額ではなく税務上の帳簿価額です。
■　帳簿価額が1,000万円未満か否かの判定を期首の帳簿価額でしていませんか。
⇒　譲渡損益調整資産の判定においては，期中における償却費を控除後の帳簿価額で判定することも可能です（平成22年度税制改正に係る法人税質疑応答事例（グループ法人税制関係）（情報）問5）。

4 みなし配当発生時の株式譲渡

　親会社が100％子会社にその子会社の株式を譲渡した場合のように，完全支配関係にある法人間でみなし配当事由に該当する取引を行った場合には，それに伴う株式の譲渡損益は認識しません（法法61の2⑰）。具体的には，株式を帳簿価額により譲渡したものとされ，本来生じるべき譲渡損益部分は，資本金等の額を増減させることになります（法令8①二十二）。グループ法人間の取引で，みなし配当の益金不算入効果と株式譲渡損の損金算入効果の両取りという租税回避行為に対応するためです。

　なお，みなし配当事由とは，次の事由により金銭等の交付を受けまたは株式を有しないこととなった場合をいいます（「⑤　みなし配当」参照）。

> ①　合併（適格合併を除きます）（法法24①一）
> ②　分割型分割（適格分割型分割を除きます）（法法24①二）
> ③　株式分配（適格株式分配を除きます）（法法24①三）
> ④　資本の払戻し（資本剰余金の額の減少を伴う剰余金の配当のうち，分割型分割によるもの，株式分配以外のもの並びに出資等減少分配以外のものをいいます）または解散による残余財産の分配（法法24①四）
> ⑤　自己株式等の取得（金融商品取引所等での購入を除きます）（法法24①五）
> など

　自己株式の取得を例に具体的な数字で確認すると以下のとおりです。

> ・A社はB社株式を100で購入して，100％子会社とした。
> ・B社は，A社より自己株式を150で買い受けた。
> 【B社の1株当たりの純資産額】
> 　　資本金等の額　　30
> 　　利益積立金額　　120

図表36—1　A社における税務上の仕訳（源泉税は省略）

	グループ外法人との取引	グループ内法人との取引
自己株買取	現預金　　150 ／ B社株式　100 譲渡損　　 70 ／ みなし配当 120	現預金　　150 ／ B社株式　100 資本金等　 70 ／ みなし配当 120

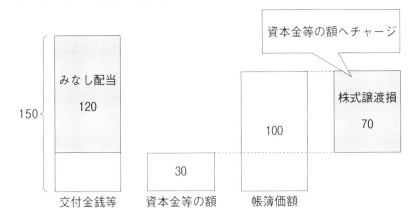

> **チェックポイント！**
>
> ■ 株主法人における資本金等の額を適正に処理できていますか。
> ⇒ みなし配当事由が生じた場合でも，必ず資本金等の額の増減が生じるわけではありません。原則として，株式の帳簿価額と相手先法人の資本金等の額が一致していない場合に，譲渡損益部分が生じ資本金等の額を調整する必要が生じます。
> ■ 株式譲渡損益が資本金等の額にチャージされることによって，影響を受ける規定を確認していますか。
> ⇒ 資本金等の額が変動すると，均等割の計算など，資本金等の額を利用する規定に影響があります。

5　寄附金・受贈益

　法人による完全支配関係にある法人間で行われる寄附，またそれに対

応して計上される受贈益については，寄附側で全額損金不算入，受贈側で全額益金不算入となります（法法25の2①・37②）。これは，100％グループ内では組織再編成により容易に無税での資産移転が可能であることから，寄附による資産の移転も課税関係を生じさせずに，利益積立金とセットで移転させることとされたものです。

（寄附をした法人）

　　寄附金（利益積立金）　　100　／　資産　　　　　　　　100

（寄附を受けた法人）

　　資産　　　　　　　　　　100　／　受贈益（利益積立金）　100

　また，子会社間で寄附を行わせることにより，親会社において寄附を行った子会社の株式について含み損を意図的に創出することも可能です。そこで，寄附を行った法人の株主法人と寄附を受けた法人の株主法人において，前者では寄附を行った法人の株式の帳簿価額を減額し，後者では寄附を受けた法人の株式の帳簿価額を増額する処理が要求されています（法令119の3⑨）。この帳簿価額を増減する際の相手科目は，利益積立金となります（法令9七）。

（寄附をした法人の株主）

　　利益積立金　　　　　　　100　／　（寄附をした）子会社株式　100

（寄附を受けた法人の株主）

　　（寄附を受けた）子会社株式　100　／　利益積立金　　　　　100

チェックポイント！

■　子会社から孫会社への寄附時に，親会社で株式の帳簿価額を修正していませんか。
　⇒　帳簿価額の修正を行うのは，寄附した法人と寄附を受けた法人の直接の株主のみです。間接保有の株主においては，処理が生じません。

- ■ 寄附による簿価修正をした場合には，別表四と別表五(一)間での検算式が成り立たないことを確認しましたか。
  - ⇒ 帳簿価額の修正は，別表四を経由しない利益積立金額の増減であるため，別表間での検算に修正額分のズレが生じます。

- ■ 法人による完全支配関係はありますか
  - ⇒ 個人株主による完全支配関係しかない，つまり法人による完全支配関係がない法人間での寄附金および受贈益までこの処理を適用すると，親がオーナーである会社から子がオーナーである会社へ寄附を行うことにより，経済的価値の移転が無税で行われ，相続税などの租税回避に利用されるおそれがあります。そのため，法人による完全支配関係がある法人間でしか，この規定は適用されません。
- ■ 相手方で寄附金とならないものに対応する受贈益を益金不算入にしていませんか。
  - ⇒ 寄附法人側で，子会社支援損のように損金となるものは，この規定の対象になりません。
- ■ 無償の役務提供だからといって，所得が発生しないと思っていませんか。
  - ⇒ グループ法人間での無利息貸付では，以下の税務仕訳が生じるため，会計上処理をしていなければ，申告調整が必要になります。

(債権者側)　　　　　　　　　(債務者側)
寄附金　100 ／ 受取利息 100　　支払利息 100 ／ 受贈益　100
(損金不算入)　 (益金算入)　　　(損金算入)　　 (益金不算入)

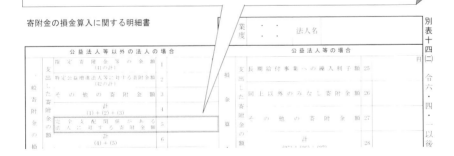

6 受取配当等の益金不算入

　完全支配関係にある法人から受け取る配当金については，受領法人において，負債利子を控除することなく，全額を益金不算入とします（法法23①⑤）。これは，グループ法人間においては寄附金による資金移動が無税で行えることになったため，同じ経済効果が生じる配当についても，無税で実行できるように措置されたものです。

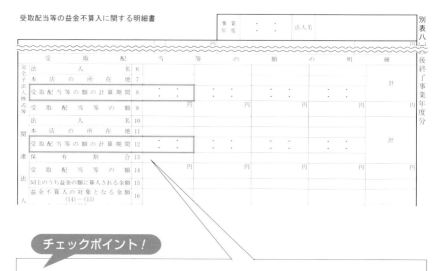

- 配当の計算期間における資本関係を確認しましたか。
  ⇒　この取扱いは，配当の計算期間の全期間において完全支配関係があることが条件です（法法23⑤，法令22の2）。そのため，配当計算期間の中途において完全支配関係が成立したような場合は，原則として，その配当については，完全子法人株式等からの配当には該当しないため，全額益金不算入にはなりません。

7　清算時のグループ法人税制

　繰越欠損金を有する完全支配関係のある内国法人の残余財産が確定した場合には，その内国法人の株主にその出資割合に応じて，繰越欠損金が引き継がれます（法法57②）。これは，完全支配関係のある法人間では，子法人を消滅させる際に適格合併により吸収することも容易であることから，適格合併時の課税関係と清算時の課税関係との平仄をとったものです。そのため，親会社が保有する子会社株式の帳簿価額も，適格合併と同様に，清算時の損金となりません（法法61の2⑰）。

　なお，完全子法人の解散や適格合併が見込まれている場合または完全子法人が清算中の場合には，親法人が保有するその完全子法人株式の評価損は損金算入できないことにも注意が必要です（法令68の3）。

> **チェックポイント！**
>
> ■　100％子会社の清算により会計上生じた株式消滅損益を申告調整していますか。
> 　⇒　株式消滅損益は損益金にはならないため，別表四において加減算処理が必要です。
> ■　100％子会社から繰越欠損金を制限なく引き継げるかの確認をしましたか。
> 　⇒　消滅会社とその親会社の間で5年超の支配関係等がなく，かつ，みなし共同事業要件を満たさない場合には，合併の場合と同様に，繰越欠損金の引継制限・利用制限（法法57③）や特定資産等の譲渡等損失の制限（法法62の7①③）が課されます。

37 自己株式

1 制度のあらまし

　会計上も会社法上も，自己株式は資本の払戻しの性格を有するものとして，純資産の部にマイナスで計上します。しかし税法では，払込資本と課税済利益（利益積立金）の払戻しと考え，株主には株式譲渡収入だけでなく，みなし配当が生じることになります。

2 解説とチェックポイント

2—1 発行会社の処理

　株主に交付した対価のうち，取得資本金額として計算した金額を資本金等の額から減算し（法令8①二十），取得資本金額を超える部分は利益積立金から減算します（法令9十四）。取得資本金額は，資本金等の額を発行済株式総数（自己株式を除きます）で除し，取得株式数を乗じて按分計算します。

> 取得資本金額 ＝ 資本金等の額 × 取得株式数/発行済株式総数
> 減算する利益積立金 ＝ 自己株式の取得対価 － 取得資本金額

チェックポイント！

- 平成18年3月31日から引き続き保有している自己株式は，税務上の帳簿価額を資本金等の額のマイナスにしていますか。
  ⇒ 自己株式は，平成18年度税制改正によって現行の取扱いとなっていますが，改正前は，取得価額全額が有価証券（資産）とされていたための調整です。
- 地方税申告書において，地方税法上の「期末現在の資本金等の額」

欄と「法人税の期末現在の資本金等の額」欄を確認していますか。
⇒ 両者は合致することも異なることもあります。「期末現在の資本金等の額」によっては外形標準課税や住民税均等割の額に影響が出ます。

2－2　株主である法人の処理

　自己株式の譲渡対価のうち，取得の基因となった株式に対応する資本金等の額に相当する部分（法令23①四）が資本の払戻しとして株式譲渡収入となり（法法61の2①），残額がみなし配当となります（法法24①四）。この場合，受取配当等の益金不算入の適用があります（法法23）。

　発行会社に自己株式として1,000で買取ってもらい，買取り対象になった株式に対応する発行会社の資本金等の額が700，譲渡した株式の簿価が600であるとすると図表37－1のようになります。この場合は，300がみなし配当となるため，源泉所得税と復興特別所得税の源泉徴収が必要

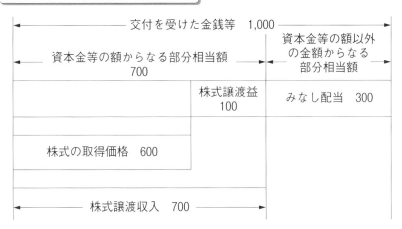

図表37－1　自己株式の株主の処理

です。

> **チェックポイント！**
>
> ■ 自己株式を取得する際の適正時価を検討しましたか。
> ⇒ 法人株主の場合は法人税基本通達9-1-14，個人株主であれば所得税基本通達59-6によって時価を算定することが基本となります。
> ■ 事業譲渡に伴い自己株式を発行会社に取得させた場合に，みなし配当の処理をしていませんか。
> ⇒ 証券市場や店頭売買による購入，事業の全部の譲受け，合併における被合併法人の反対株主の買取請求に基づく買取り等についてはみなし配当が生じないこととされています（法令23③）。

2－3　法人税の各規定への影響

発行法人の純資産の処理や株主のみなし配当以外にも影響があります。

> **チェックポイント！**
>
> ■ 会社が自己株式を保有している場合，同族会社の判定算式上の分母・分子から除いていますか。
> ⇒ 自己株式は，発行済株式から除外し，発行会社を判定基準となる株主からも除きます。自己株式の取得によって既存株主の持株割合が上昇し，同族会社に該当する場合があるため要注意です。また，持株割合が5％を超えてしまい，使用人兼務役員になれないこと等の影響も考えられます。
> ■ 自己株式を取得すると地方税均等割が節減されると考えていませんか。
> ⇒ 無償増減資がない前提だと，「資本金等の額」と「資本金及び資本準備金の合計額」のうち大きい方の金額が均等割りの税率区分の基準となります。したがって自己株式を取得しても均等割の節減効果はありません。

3　記載例

＜図表37—1の事例における発行法人の別表調整＞

（会計上の処理）	自己株式	1,000	/	現預金	1,000
（税務上の処理）	資本金等	700	/	現預金	1,000
	利益積立金	300	/		
（税務調整）	資本金等	700	/	自己株式	1,000
	利益積立金	300	/		

【別表四】

区分	総額	処分 保留	処分 社外流出
	①	②	
当期利益又は当期欠損の額	800	800	
加算　みなし配当金額	300		300
減算　自己株式	300	300	
所得金額又は欠損金額	800	500	300

> 利益積立金を減少させるために同額による加減算の調整が必要です。

【別表五㈠】

利益積立金額の計算に関する明細書

区分	期首現在利益積立金額 ①	当期の増減 減 ②	当期の増減 増 ③	差引翌期首現在利益積立金額 ①－②+③ ④
資本金等の額			△300	△300
繰越損益金	2,000	2,000	2,800	2,800
差引合計額	2,000	2,000	2,500	2,500

> みなし配当相当額は社外流出であるため減算します。

資本金等の額の計算に関する明細書

区分	期首現在資本金等の額 ①	当期の増減 減 ②	当期の増減 増 ③	差引翌期首現在資本金等の額 ①－②+③ ④
資本金又は出資金	3,000			3,000
自己株式			△1,000	△1,000
利益積立金額			300	300
差引合計額	3,000		△700	2,300

> 取得資本金額（700）が減少しています。

38 控除対象外消費税額等

1 制度のあらまし

　消費税納税額の計算上，一定の場合には，課税仕入れ等に対する消費税額のうち一部控除できない消費税額が生じます。この控除できない消費税額のことを控除対象外消費税額等といい，会計上，その消費税は法人の経費として計上されます。

　　　租税公課　　　　　　　100　／　仮払消費税　　　　　100

　控除対象外消費税額等の規定は，この経費となる消費税のうち，固定資産に係る消費税が，減価償却を通じて損金となる税込経理と平仄を合わせるため，税抜経理の場合における損金算入時期を定めたものです。つまり，税抜経理をしている法人のみが対象となる規定です。

2 解説とチェックポイント

　発生した控除対象外消費税額等の取扱いは，税抜経理をしている法人の次の区分に応じて異なりますが，いずれも損金経理が必要です（法令139の4）。

2−1 課税売上割合が80％以上の事業年度

　損金経理をすることにより，全額損金算入することができます。

2−2 課税売上割合が80％未満の事業年度
（1）棚卸資産以外の資産に係る控除対象外消費税額等のうち，20万円以上のもの（繰延消費税額等）

　損金経理した金額のうち，次の金額までの金額を損金算入します。

$$\text{繰延消費税額等の合計} \times \frac{\text{事業年度の月数}}{60} \times \frac{1}{2} \quad (1/2は発生年度のみ)$$

(2) (1) 以外の控除対象外消費税額等

損金経理をすることにより、全額損金算入することができます。

なお、いずれの場合も損金経理や別表の添付が損金算入の要件とされています。そのため、消費税の課否判定の誤りにより修正申告をする場合などは、修正事業年度では損金経理ができないため、修正事業年度における損金にはなりません。また、実務的には、交際費に係る控除対象外消費税額等の処理も忘れてはいけません。

チェックポイント！

- ■ 簡易課税制度を適用していれば、控除対象外消費税額等は生じないと思っていませんか。
  - ⇒ 簡易課税制度を適用していても、控除できない（仮払）消費税が生じることがあります。
- ■ 控除対象外消費税額が生じるのは、税抜経理を行った結果であることを理解していますか。
  - ⇒ 非営利法人等では、可能であれば、税込経理を採用することで、経理処理の負担を軽減することが可能です。制度の要請でやむを得ない場合もありますが、検討してみることをお勧めします。

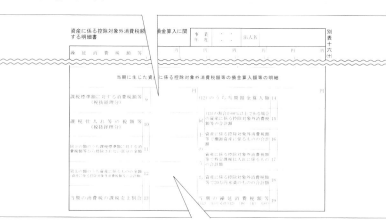

- ■ 消費税を個別対応方式または一括比例配分方式で計算していれば、必ず控除対象外消費税額等が生じると判断していませんか。
  - ⇒ 税込経理を採用している場合には、生じません。また、繰延消費税額等の調整は、課税売上割合が80％未満の事業年度でのみ生じます。
- ■ 課税仕入れであっても、インボイス保存がないものは、原則として仕入税額控除の適用を受けられません。経過措置により仕入税額控除を受けられる金額相当額以外は仮払消費税等とされないため、取得時の対価の額に含める必要があることを理解していますか。
  - ⇒ 決算時にまとめて損金処理する方法も認められていますが、在庫となってしまう仕入には注意が必要です（令和3年改正消費税経理通達関係Q&A）。

39 インボイス経過措置期間の消費税の取扱い

1 制度のあらまし

　消費税のインボイス制度導入後の経過措置期間（令和5年10月1日から令和11年9月30日まで）においては，インボイス発行事業者以外の者から課税仕入れを行った場合，仕入税額控除の対象外となる部分が生じます。

　仕入税額控除の対象外となるという点では，38の控除対象外消費税額等と同様ですが，税抜経理を採用している法人では，この経過措置期間で生じた仕入税額控除の対象外となる部分は，その取引の対価の額に含めて法人税の課税所得金額の計算をしないといけません。

2 解説とチェックポイント

（1）原則的な取扱い

　令和5年10月1日以後は，インボイス発行事業者以外の者から行った課税仕入れは，原則，仕入税額控除の対象となる課税仕入れ等の税額がないとされます。つまり，仮払消費税等の額自体が生じません。

　ただし，令和5年10月1日から令和11年9月30日までの間は，経過措置として，インボイス発行事業者以外の者からの課税仕入れは，「支払対価の額に7.8/110（または6.24/108）を乗じて算出した金額に80/100（または50/100）を乗じて算出した金額」が課税仕入れに係る消費税額とみなされ，同額が仮払消費税等の額と取り扱われます（平成28年改正法附則52，消費税経理通達14の2，経過的取扱い(2)）。

　つまり，インボイス発行事業者以外の者からの課税仕入れのうち，課

税仕入れに係る消費税額とみなされない金額は，消費税額等ではないという整理です。そのため，税抜経理の場合，その消費税額等ではない金額は，取引の対価の額に含まれることになります。

一方，38の控除対象外消費税額等は，仮払消費税等の額のうち仕入税額控除の対象とならなかった金額ですから，インボイス経過措置下の上記金額とは，そもそも性質が異なります。

> チェックポイント！

■ 控除対象外とされる消費税額等の額は，①仮払消費税等から生じる額と②取得時の本体額に含められる額の2通りになることを理解していますか。
⇒ 従来は，控除対象外とされるのは①のみで，これを法人税法では，控除対象外消費税等と呼んでいます。一定の場合には，1期で損金とすることができず，繰延消費税額等として60ヵ月で損金算入されることとなります。しかし，インボイス制度開始後は，②も控除対象外とされることになり，減価償却資産では，本体の額とされるため，税務否認が生じると，減価償却費の償却超過額否認が生じることになります。

■ 小規模免税事業者から令和5年10月1日から令和11年9月30日までの間に行った課税仕入れについて，経過措置規定により仕入税額控除から除外される2割ないし5割部分について，控除対象外消費税額等と同じ処理をしていませんか。
⇒ 経過措置規定による仕入税額控除除外部分は消費税額等ではないとされることから，本体部分の金額に加算する必要が生じます。38の控除対象外消費税額等とは，取扱いが異なる点に注意しましょう。

（2）波及する取扱い

税抜経理を採用している場合，上記のとおり，課税仕入れに係る消費税額とみなされない金額が取引価格に算入されるため，以下のような部分で影響が生じます。

① 減価償却資産の取得価額（少額減価償却資産含む）
② 棚卸資産の取得価額（期末在庫金額）
③ 10,000円以下の接待飲食費の判定

また，源泉徴収という部分では，免税事業者に支払う報酬等については，インボイスの影響を受けません。請求書等に「本体価格」と「消費税額等」が明確に区分されている場合は，今までどおり，「本体価格」を源泉徴収の対象とすることができます。源泉徴収税額の計算では，消費税額とみなされない部分を，本体価格に含める必要はありません。

> **チェックポイント！**
>
> ■ これらの処理は，令和11年9月30日までの間だけ生じるものであることを理解していますか。
> ⇒ 経過措置期間終了後は，インボイス発行事業者以外の者からの課税仕入れは，全額が取引の対価の額になります。
> ■ 令和6年1月に，小規模免税事業者である文具店からの購入で，区分記載請求書における請求額が税込165,000円（内消費税15,000円）とされていた場合に，税抜経理で150,000円を資産計上額として計算していませんか。
> ⇒ 消費税相当額のうち2％部分は，経過措置により仕入税額控除の対象になりませんので，本体に含め，153,000円を資産計上することになります。
> ■ 令和6年1月に，小規模免税事業者である税理士への報酬支払時において，請求書報酬額が税込110,000円（内消費税10,000円）とされていた場合に，102,000円を基礎に源泉所得税を計算するものと考えていませんか。
> ⇒ 源泉所得税の計算上は，従来どおり，請求書等で消費税部分が区別されていれば，記載された本体部分を基礎にして計算して構わないこととされています。システムが自動税抜きしている場合には要注意です。

Column 8 審理目線が重視されるようになっていることについて

　2011年の国税通則法改正を契機として，税務調査では，一度確認した事項を再度調査することのハードルが上がったと言われています。

　結果として，税務調査では，審理によるチェックが重視される傾向が生じることになりました。以前は，審理は，どちらかというと，ロートルの調査官が行く場所だと揶揄されていた時期もあったのですが，近年は，出世のための花道ではないかとの声も聞くことがあります。

　審理は，税務署レベルでは，まだまだ重視されていない現場も少なくないようですが，これが国税局レベルになると，様相は一転します。たとえば，現場の調査がほぼ合意して，大枠終結に至ったはずなのに，「審理が OK を出さないので，まだ申告書を出してもらうわけにはいかないんです」と現場から泣きが入ることはもはや日常茶飯事です。

　税理士として，このような場合，知っておくべきは，予納が必要かもしれないということです。大枠の税額が見えている状況であれば，延滞税の追加的発生を停止させるのも，税理士の役割であるからです。

　また，国税局調査では，顧問税理士に，審理からの机上確認結果による照会事項が渡されることも通例です。この照会事項によっては，税理士自身のミスが発覚することになり，関与先に対して気まずい思いをすることもあります。

　昨今の調査は，審理目線が重視されるようになってきている。
　そのことを意識して，平素から，申告書作成実務に力点を置きたいものです。

　本書も，まさにそのような視点で活用していただければと思います。

（濱田康宏）

40 事業年度

1 制度のあらまし

　法人税の課税標準となる所得金額は，一定の期間ごとに計算しますが，この一定の計算期間を事業年度といいます。法人税法は，原則として，それぞれの法人の会計期間を事業年度としています（法法13①）。仮に，定款や法令に会計期間の定めがない場合には，所轄税務署長に届出を行い，事業年度を確定させることになります（法法13②）。この届出をしなかった場合には，所轄税務署長が事業年度を指定する仕組みになっています（法法13③）。

2 事業年度の特例

2—1 制度の趣旨

　上記のように，事業年度を会計期間等に限定すると，税務上で問題が生じる場合があります。たとえば，解散があった場合やグループ通算制度を開始する場合などは，その前後で所得計算・税額計算が異なることになります。しかし，このような場合でも，会計期間等は区切られないことが一般的であることから，税務上は適正な税額計算のため，その前後で事業年度を区切る特例が設けられています（法法14）。

2—2 制度の解説とチェックポイント

　次のような場合に，特例事業年度が生じます。

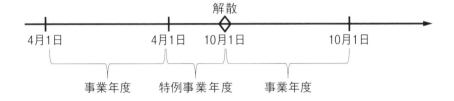

(1) 事業年度の中途において解散した場合（(3)の場合を除く）
(2) 事業年度の中途において残余財産が確定した場合
(3) 事業年度の中途において合併により解散した場合
(4) 事業年度の中途においてグループ通算制度が適用されることとなった場合
(5) 事業年度の中途においてグループ通算制度が適用されないこととなった場合
(6) 通算子法人の事業年度と通算親法人の事業年度が一致しない場合
(7) 事業年度の中途において公益法人等が新たに収益事業を開始した場合
(8) 事業年度の中途において公益法人等が普通法人等に該当することとなった場合（例　社会医療法人が普通医療法人になった場合）
(9) 事業年度の中途において普通法人等が公益法人等に該当することとなった場合（例　普通医療法人が社会医療法人になった場合）
(10) 年度の中途において清算中の法人が継続した場合
(11) 年度の中途において外国法人の課税所得の範囲に変更があった場合

> チェックポイント！

- 組織変更時に特例事業年度を設けていませんか。
  ⇒ 会社が組織変更を行う場合には、旧会社の解散および新会社の設立の登記を経ることになりますが、会社法では事業年度が区切られず、税務上も特例事業年度が発生することはありません。
- 株式会社の清算事務年度は、税務上の事業年度と一致することを忘れていませんか。
  ⇒ 会社法上、株式会社が解散した場合には、解散の日の翌日から1年の期間が清算事務年度とされ（会494①）、税務上の事業年度も清算事務年度と一致します（法基通1-2-9）。ただし、破産による解散や持分会社の解散の場合は、会社法において清算事務年度が生じないため、解散の翌日から定款または法令上の決算日までが税務上の事業年度となります。

41 確定申告・中間申告

1 制度のあらまし

　法人税については，申告納税制度が採用されています。申告納税制度とは，納税者自らが税法に従って正しい申告と納税をするという制度で，第二次世界大戦後の昭和22年に導入されています。申告納税制度では，納税者が行う申告により第一次的に納税義務が確定し，納税者の申告がない場合またはその申告が正しくない場合には，税務署長がこれを是正する決定または更正により第二次的に納税義務が確定することになります。この申告税制度において納税者が行う第一次的な申告を，確定申告といいます。また，この確定申告まで税収入が生じないため，国の税収入の平均化を図る観点から，事業年度開始から6月の期間を単位に申告を行う中間申告制度も設けられています。

2 確定申告制度の解説とチェックポイント

　法人税の納税義務がある法人は，各事業年度終了日の翌日から2月以内に，法人税の確定申告書を所轄税務署長に提出しなければなりません（法法74①）。確定申告書には，以下の事項を記載する必要があります。

(1) その事業年度の課税標準である所得金額または欠損金額
(2) 法人税額
(3) 所得税額控除および外国税額控除により控除しきれなかった金額
(4) 中間申告書を提出した場合には，(2)から中間納付額を控除した金額
(5) 中間納付額で控除しきれなかった金額
(6) 欠損金の繰戻し還付請求額
(7) 納税地，代表者名，事業年度，残余財産の分配等の日

これらは，別表と呼ばれる書式に従って記載する必要がありますが，各種別表は国税庁ホームページにおいて公表されています。ただし，実務上は，税金計算ソフトに従って申告書を作成していれば，問題になることは少ないと思われます。

また，申告期限については，災害などのやむを得ない理由または会計監査人の監査を受ける必要があるなどの理由により，決算が事業年度終了日から2月以内に確定しない場合には，税務署長の承認を受けて一定の期限まで申告期限を延長することも可能です（法法75・75の2）。

（確定申告書の提出期限の延長の特例の適用を受ける場合の申請書の記載例　参照　https://www.nta.go.jp/publication/pamph/hojin/kakutei_entyo_kisairei.pdf）

チェックポイント！

- 確定申告書の添付書類にもれはありませんか。
  ⇒ 確定申告書には，以下のものを添付する必要があります（法法74③，法規35）。
  (1) 貸借対照表，損益計算書，株主資本等変動計算書，勘定科目内訳明細書
  (2) 過年度の修正を行った場合には，その修正の内容
  (3) 事業概況書，完全支配関係がある法人の系統図
  (4) 組織再編成（合併，分割，現物出資，現物分配，株式交換または株式移転）を行った場合には，それらの契約書と主要事項に関する明細書

  (2)は，「会計上の変更及び誤謬の訂正に関する会計基準」により過年度の決算書を修正した場合に求められるもので，(4)は組織再編成を実施した場合に必要となるものです。

- 清算確定申告も残余財産の確定後2月以内の申告と思っていませんか。
  ⇒ 清算確定申告は，残余財産の確定の日の翌日から1ヵ月以内が申告期限となりますが，最後の分配がある場合にはその分配の前日が申告期限となりますので，スケジュールに注意が必要です（法法74②）。

> ■ 当初申告要件や経理要件は，平成23年12月改正でなくなったと思っていませんか。
> ⇒ 租税特別措置法に基づく措置は，当初申告要件や経理要件が存置されています。当初申告でしか受けれない優遇措置も多いので，注意が必要です。

3　中間申告制度の解説とチェックポイント

　事業年度が6月を超える普通法人（清算中の法人を除きます）は，中間申告書を提出しなければなりません（法法71）。この中間申告書は，各事業年度開始の日以後6月を経過した日から2月以内に提出する必要がありますが，この中間申告書の提出がなかった場合でも，下記3－1の予定申告による中間申告があったものとみなされますので，無申告や期限後申告といったことにはなりえません（法法73）。そのため，実務上は，下記3－2による中間申告をする場合を除けば，期限内に納付さえしておけば問題になりません。この中間申告には，次の2種類があります。

3－1　予定申告

　予定申告とは，以下の算式により求めた法人税額を記載して申告するものです（法法71①）。

$$前事業年度の法人税額 \times \frac{6}{前事業年度の月数}$$

　この「前事業年度の法人税額」とは，事業年度開始日の以後6月を経過した日までに確定したもので，別表一(一)における「差引所得に対する法人税額」をいいます。また，この計算の結果が10万円以下の場合には，予定申告書の提出は不要です。なお，地方法人税も同様に計算を行います。

> **チェックポイント！**
>
> - 前事業年度または事業年度開始日以後6月以内に適格合併があった場合において，合併法人の法人税額のみで予定納税額を計算していませんか。
>   ⇒ 予定納税において，被合併法人の法人税額も前事業年度の法人税額に含める必要があります（法法71②）。
> - すべての法人で予定申告が必要と思っていませんか。
>   ⇒ 協同組合や公益法人等は，収益事業を行っていても，予定申告は不要です。
> - 新設法人は予定申告の必要がないと思っていませんか。
>   ⇒ 適格合併により設立された法人は，被合併法人の法人税額を基礎に計算する必要があります（法法71③）。

3－2　仮決算による中間申告

　仮決算による中間申告とは，事業年度開始の日から6月の期間を一事業年度とみなして仮決算を行い，その仮決算に基づいて所得金額および法人税額を計算し申告するものです（法法72①）。この中間申告書も，各事業年度開始日の以後6月を経過した日から2月以内に，提出しなければなりません。この仮決算時の所得計算および法人税額の計算においては，通常の確定申告時と下記の点で異なります。

(1) 留保所得に対する特別税率の規定は適用しない。
(2) 仮装経理に基づく法人税額の控除は適用しない。
(3) 税額控除により還付になっても，税額は還付されない。
(4) 一括償却資産を事業の用に供した日の属する事業年度においては6月ではなくその事業年度の月数（12月）で償却する。なお，翌事業年度以後の事業年度においては6月で償却する。

　また，この仮決算による中間申告は，3－1の計算結果が10万円以下である場合と仮決算による法人税額が3－1の計算結果を超える場合には，適用できません。これは，還付加算金目的の中間納付を防止するた

めです。したがって，仮決算による中間申告が可能なのは，予定納税よりも仮決算による中間申告納付額が少ない場合に限られます。

> **チェックポイント！**
>
> ■ 申告期限の延長を受けているので，仮決算による中間申告の期限も延長されると思っていませんか。
>   ⇒ 中間申告書の提出期限については，延長されません。
> ■ 消費税の中間申告が3ヵ月おきの場合，法人税の中間申告に合わせて6ヵ月で仮払消費税・仮受消費税の清算を行うことはできないと解されていることを理解していますか。
>   ⇒ 3月決算法人で，4月—6月，7月—9月の消費税予定納税がある場合，4月—9月の法人税の中間申告仮決算では，7月—9月分について消費税の仮決算を行うか否かの選択しかできません。

Column 9　条文調理師を入れよう（内藤忠大先生作成ソフト）

　大阪勉強会のメンバーである内藤忠大先生は，VBAなどで様々なプログラムを作り，業務に役立てておられます。そして，そのうちの一部は，我々にも公開され，使用することができることになっています。

　中でも，皆さんにお勧めしたいのが，条文調理師です。

　条文調理師　マルチバースポータルサイト
（https://chouri.multiverse.or.jp/info/）

　条文を読む際に，税理士を苦しめるのは，括弧書きが多重化する部分です。この括弧書きがどこで始まってどこで終わるか，括弧の中に括弧が入っている状態が何重にもなってくると，途中で文意を追えなくなります。

　そこで，条文調理師の出番です。条文調理師を使えば，e-Gov法令検索で公開される条文を，カラー化して保存することができます。その際に，括弧書きを色分けてして，人間に読みやすくしてくれるのが最大の魅力です。

　また，近年は，公布時期と施行時期との間にずれが生じることも少なくありません。その際に，条文調理師は，施行時期と改正時期との組み合わせごとにバージョン管理ができるので，条文を読む際に，意識して必要な条文を読むことが可能になります。

　条文を読むのは，最初とてもつらいことですし，今でも，そのまま読めと言われると苦行です。しかし，この条文調理師があれば，ドライブが相当楽になります。もちろん，条文を読むことが簡単になるとまでは言えませんので，各自の努力は必要ですけれど。

（濱田康宏）

42 青色申告・帳簿書類

1 制度のあらまし

　青色申告制度は，正確な帳簿記録を助成することを目的に，一定の帳簿書類を備えた納税者に対しては，白色申告と比べ，様々な特典を認める制度です（法法121）。この特典には，欠損金の繰越や税額控除などがありますが，青色申告をしていれば税務調査があっても推計課税が行われない，ということが最大の特典かもしれません（法法131）。

2 青色申告制度の解説とチェックポイント

　青色申告により申告をするためには，事前に税務署長の承認を受ける必要があります（法法122①）。原則として，青色申告を適用する事業年度開始の日の前日までに，所轄税務署長に申請書を提出する必要がありますが，その事業年度が設立事業年度である場合など一定の場合には，異なる期限が設けられています（法法122②）。提出後は，税務署長が青色申告の承認もしくは却下の処分をしますが，過去に帳簿の不備で指摘を受けたことなどがなければ，承認されるのが一般的です（法法124・125）。
　一方で，承認後に帳簿書類の記録保存など青色申告の要件を満たしていない場合には，その承認が取り消されます（法法127）。

> **チェックポイント！**
>
> ■　青色申告を適用する事業年度の申告期限までに申請書を提出すればよいと思っていませんか。
> 　⇒　適用したい事業年度の開始の日の前日までに提出する必要があり

ます。なお，設立日の属する事業年度等から適用する場合には，設立日以後3月を経過した日と設立事業年度終了日のいずれか早い日の前日が期限であるため，注意が必要です（法法122①②）。
■ 期限後申告が，青色申告の承認取消事由と理解していますか。
⇒ 実務的に，2期連続の期限後申告で承認が取り消されるようです。

3 帳簿書類の解説

青色申告書を提出する法人は，帳簿書類を備え付け，これに取引を記録し，保存しなければなりません（法法126①）。この帳簿書類は，複式簿記に従い，整然かつ明瞭に記録する必要があり，仕訳帳および総勘定元帳などを備え，取引の詳細を記載する必要があります。

青色申告法人は，これらの帳簿書類をもとに，貸借対照表などを作成し，領収証などの証憑類と合わせて，7年間保存しなければなりません（法規59）。また，繰越欠損金の繰越控除を行う場合には，7年ではなく10年間の保存期間が要求されます。これは，偽り不正の行為があった場合には7年間遡及して更正決定等できること，欠損金の繰越期間が10年であることと平仄を合わせているためです。

チェックポイント！

■ 電子帳簿保存を採用していない場合には，総勘定元帳を打ち出して保管していますか。
⇒ 総勘定元帳を打ち出して保管するのは，青色申告の適用要件の1つです。調査時に打ち出していない場合には，最悪のケースでは青色申告の承認取消しもありえます。
■ 事業規模が小さいので，白色申告でいいと思っていませんか。
⇒ 青色申告と白色申告の一番の違いは，推計課税の有無です。推計課税は，様々な方法で所得金額を推計し，金額を決定する課税方法（法法131）ですが，このような課税がされた場合の反証の立証責任は納税者側にあり，非常に大きなリスクといえます。

43 電子帳簿保存法（帳簿・書類・スキャナ保存）

1 制度のあらまし

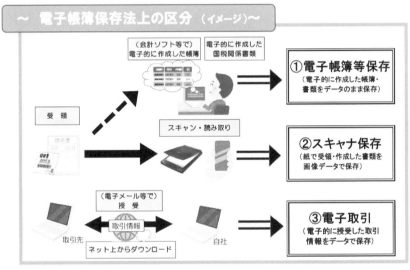

（電子帳簿保存法が改正されました（R03.05）より）

　電子帳簿保存法は，帳簿の電子的保存・書類の電子的保存・電子取引の保存の3つの領域で，納税者による電子的な保存方法について規定しています。なお，ここでは帳簿・書類についてのみ説明し，電子取引については項を改めます。また，本書では令和5年度税制改正後の取扱いに絞って説明を行います。

2 解説とチェックポイント

2－1 電子帳簿保存と電子書類保存のイメージ

電子帳簿保存と電子書類保存について，大まかなイメージを確認しておきましょう。

【1】 電子帳簿保存（電帳法4①　最初から電子的に帳簿作成）……希望者のみ。対応ソフト使えばOK。優良電子帳簿の規定あり。

【2－1】 電子書類保存（電帳法4②　最初から電子的に書類作成）……希望者のみ。対応ソフトを使わず表計算などでも対応可能。優良電子書類という区分はない。

【2－2】 スキャナ書類保存（電帳法4③　紙から電子化して書類保存）……希望者のみ。自社で作成した書類や他者から交付を受けた書類を電子化。タイムスタンプでのスキャナ保存か改変不可のクラウドドライブ保存が必要。

（参考）

【3】 電子取引保存（電帳法7）……法人と個人事業者はすべて対応が必要。猶予措置でなく原則的対応によるなら，検索要件を備えるシステム対応が必須。システム対応しないなら紙出力保存でよいが，元となったデータは捨てられない。真実性確保を誓約する規程作成が求められる（ただし，検索要件については，紙印刷とその後の整序保存で実質的にはなしとできる）。

2－2 帳簿書類等の保存（原則は紙作成・紙保存）

法人は，帳簿を備え付けてその取引を記録するとともに，その帳簿と取引等に関して作成または受領した書類を，その事業年度の確定申告書の提出期限の翌日から7年間保存する必要があります。

> 帳簿の例：総勘定元帳，仕訳帳，現金出納帳，売掛金元帳，
> 　　　　　買掛金元帳，固定資産台帳，売上帳，仕入帳
> 書類の例：棚卸表，貸借対照表，損益計算書，注文書，契約書，領収書

　このように，税法では，帳簿・書類の保存について，紙による作成・受領を念頭にして保存義務を規定しています。

　なお，上記7年間の保存義務は，青色繰越欠損金が生じた事業年度または青色申告書を提出しなかった事業年度で災害損失金額が生じた事業年度においては，10年間に伸長されます。

2－3　国税関係帳簿書類の電子的保存（電帳法4）

　上述のように，国税関係の帳簿・書類は，紙により作成・保存することが基本です。しかし，電子的保存方法が普及するに至って，電子的保存についても規定されるようになりました。

　まず，国税関係帳簿については，自社で最初の記録段階から一貫して電子的に作成する場合で，一定の要件を満たす場合は，紙での備付・保存に代えて，電子的な備付・保存でよいこととされています（電帳法4①）。

　次に，国税関係書類については，まず，自社で一貫して電子的に作成する場合，帳簿同様，一定の要件を満たす場合は，紙での備付・保存に代えて，電子的な備付・保存でよいこととされています（電帳法4②）。

43 電子帳簿保存法（帳簿・書類・スキャナ保存）　237

パソコン等で作成した帳簿・書類をデータで保存するためのルール

要件概要	帳簿 優良	帳簿 その他	書類
記録事項の訂正・削除を行った場合には、これらの事実及び内容を確認できる電子計算機処理システムを使用すること	○	—	—
通常の業務処理期間を経過した後に入力を行った場合には、その事実を確認できる電子計算機処理システムを使用すること	○	—	—
電子化した帳簿の記録事項とその帳簿に関連する他の帳簿の記録事項との間において、相互にその関連性を確認できること	○	—	—
システム関係書類等（システム概要書、システム仕様書、操作説明書、事務処理マニュアル等）を備え付けること	○	○	○
保存場所に、電子計算機、プログラム、ディスプレイ、プリンタ及びこれらの操作マニュアルを備え付け、記録事項を画面・書面に整然とした形式及び明瞭な状態で速やかに出力できるようにしておくこと	○	○	○
検索要件 ① 取引年月日、取引金額、取引先により検索できること	○	—	※1
検索要件 ② 日付又は金額の範囲指定により検索できること	○ ※1	—	※1
検索要件 ③ 2以上の任意の記録項目を組み合わせた条件により検索できること	○ ※1	—	※1
税務職員による質問検査権に基づく電子データのダウンロードの求めに応じることができるようにしておくこと	— ※1	○ ※2	○ ※3

※1　検索要件①〜③について、ダウンロードの求めに応じることができるようにしている場合には、②③の要件が不要。
※2　「優良」欄の要件を全て満たしているときは不要。
※3　取引年月日その他の日付により検索ができる機能及びその範囲を指定して条件を設定することができる機能を確保している場合には、ダウンロードの求めに応じることができるようにしておくことの要件が不要。

(https://www.nta.go.jp/publication/pamph/sonota/0023006-081_01.pdf#page=2)

そして、国税関係書類については、自社だけでなく、他社で作成して交付を受けた書類についても、一定の要件（後掲2-5　スキャナ保存、図表「スキャナ保存を行うためのルール」）を満たして、スキャナ等で電子的に記録・保存された場合には、紙での保存に代えて、電子的に保存することが可能とされています（電帳法4③）。

2-4　優良な電子帳簿（電帳法8④）

優良な電子帳簿に該当する場合、過少申告加算税の5％軽減措置の適用を受けるための届出書を出すことができます（電帳規5①）。

保存対象は、法人税法施行規則54条に規定する仕訳帳、総勘定元帳およびその他必要な帳簿となっています。「その他必要な帳簿」とは、次の①〜⑨の記載事項に係る帳簿をいいます。

記載事項	帳簿の具体例	所得税	法人税
① 売上げ（加工その他の役務の給付等売上げと同様の性質を有するものを含みます）その他収入に関する事項	売上帳	○	○
② 仕入れその他経費※に関する事項	仕入帳 経費帳 賃金台帳※	○	○※
③ 売掛金（未収加工料その他売掛金と同様の性質を有するものを含みます）に関する事項	売掛帳	○	○
④ 買掛金（未払加工料その他買掛金と同様の性質を有するものを含みます）に関する事項	買掛帳	○	○
⑤ 手形（融通手形を除きます）上の債権債務に関する事項	受取手形記入帳 支払手形記入帳	○	○
⑥ その他の債権債務に関する事項（当座預金を除きます）	貸付帳 借入帳 未決済項目に係る帳簿	○	○
⑦ 有価証券（商品であるものを除きます）に関する事項	有価証券 受払い簿	/	○
⑧ 減価償却資産に関する事項	固定資産台帳	○	○
⑨ 繰延資産に関する事項	繰延資産台帳	○	○

※ 法人税については、「賃金、給料手当、法定福利費及び厚生費」を除きます。また、令和6年1月1日前に法定申告期限が到来する所得税・法人税については、青色申告者または青色申告法人が保存しなければならないこととされている全ての帳簿が特例国税関係帳簿となります。

(参考)
優良な電子帳簿の要件
(https://www.nta.go.jp/law/joho-zeikaishaku/sonota/jirei/05.htm)

　元帳・仕訳帳は会計システムが対応していることが大半ですが、補助簿・台帳までも検索要件等を満たすことは実務的に困難な場合が多いため、一般の中小企業では採用しきれないことが多いようです。

2－5　スキャナ保存

　紙の領収書・請求書などは，その書類自体を保存する代わりに，スマホやスキャナで読み取った電子データを保存することができます。取引相手から紙で受け取った書類や納税者自身が手書などで作成して取引相手に紙で渡す書類の写しを電子的に保存可能です。

　読み取った後の紙の書類を廃棄できるので，紙の書類のファイリング作業や保存スペースが不要になります。紙で受け取った領収書などをスマホで読み取って経理担当に送付すれば，書類の受渡しから保存までをスキャナデータのみでできるので，経理担当もテレワークがしやすくなります。スキャナ保存を始めるための特別な手続きは，原則必要ないので，任意のタイミングで始められます。

　ただし，スキャナ保存は，実務的に言えば，システム保存がほぼ必須といえます。また，実務的には，現場が指示してもきちんと保存してくれないという悩みを聞くこともあります。導入するには，それなりの覚悟をもってプロジェクトとして当たらないと，失敗事例になる恐れも十分あります。

　とはいえ，税法上のスキャナ保存は，紙を捨てたい，保存したくないという人向けの要件ですから，紙保存さえ割り切れば，税法の要件に拘泥する必要はありません。導入時には，まず紙保存を前提にやってみて，運用状況次第で，税法の要件を満たせるか検討するのが無難と思われます。

スキャナ保存を行うためのルール

ルール \ 書類の区分	重要書類 (資金や物の流れに直結・連動する書類) 書類の例：契約書、納品書、請求書、領収書　など	一般書類 (資金や物の流れに直結・連動しない書類) 書類の例：見積書、注文書、検収書　など
入力期間の制限	次のどちらかの入力期間内に入力すること ① 書類を作成または受領してから、速やかに（おおむね7営業日以内）にスキャナ保存する（早期入力方式） ② それぞれの企業において採用している業務処理サイクルの期間（最長2か月以内）を経過した後、速やかに（おおむね7営業日以内）にスキャナ保存する（業務処理サイクル方式） ※ ②の業務処理サイクル方式は、企業において書類を作成または受領してからスキャナ保存するまでの各事務の処理規程を定めている場合のみ採用できます。	一般書類の場合は、入力期間の制限なく入力することもできます。（注）
一定の解像度による読み取り	解像度200dpi相当以上で読み取ること	
カラー画像による読み取り	赤色、緑色及び青色の階調がそれぞれ256階調以上（24ビットカラー）で読み取ること	一般書類の場合は、白黒階調（グレースケール）で読み取ることもできます。（注）
タイムスタンプの付与	入力期間内に、総務大臣が認定する業務に係るタイムスタンプ（※1）を、一の入力単位ごとのスキャナデータに付すこと ※1 スキャナデータが変更されていないことについて、保存期間を通じて確認することができ、課税期間中の任意の期間を指定し、一括して検証することができるものに限ります。 ※2 入力期間内にスキャナ保存したことを確認できる場合には、このタイムスタンプの付与要件に代えることができます。	
ヴァージョン管理	スキャナデータについて訂正・削除の事実やその内容を確認することができるシステム等又は訂正・削除を行うことができないシステム等を使用すること	
帳簿との相互関連性の確保	スキャナデータとそのデータに関連する帳簿の記録事項との間において、相互にその関連性を確認することができるようにしておくこと	（不要）
見読可能装置等の備付け	14インチ（映像面の最大径が35cm）以上のカラーディスプレイ及びカラープリンタ並びに操作説明書を備え付けること	白黒階調（グレースケール）で読み取った一般書類は、カラー対応でないディスプレイ及びプリンタでの出力で問題ありません。（注）
速やかに出力すること	スキャナデータについて、次の①～④の状態で速やかに出力することができるようにすること ① 整然とした形式　② 書類と同程度に明瞭　③ 拡大又は縮小して出力することができる　④ 4ポイントの大きさの文字を認識できる	
システム概要書等の備付け	スキャナ保存するシステム等のシステム概要書、システム仕様書、操作説明書、スキャナ保存する手順や担当部署などを明らかにした書類を備え付けること	
検索機能の確保	スキャナデータについて、次の要件による検索ができるようにすること ① 取引年月日その他の日付、取引金額及び取引先での検索 ② 日付又は金額に係る記録項目について範囲を指定しての検索 ③ 2以上の任意の記録項目を組み合わせての検索 ※ 税務職員による質問検査権に基づくスキャナデータのダウンロードの求めに応じることができるようにしている場合には、②及び③の要件は不要	

（注）一般書類向けのルールを採用する場合は、事務の手続（責任者、入力の順序や方法など）を明らかにした書類を備え付ける必要があります（特設サイトにサンプルを掲載しています。）。

（https://www.nta.go.jp/law/joho-zeikaishaku/sonota/jirei/tokusetsu/pdf/0023006-085_03.pdf#page=2）

チェックポイント！

■ 優良な電子帳簿は事前届出が必要ですが、優良以外の電子帳簿（一般の電子帳簿）であれば届出が不要であることを理解していますか。
⇒ 一般の電子帳簿の要件を満たしていれば、プリントアウトせず、作成した電子データのまま保存しておいて税務調査を受けることが可能です。

■ 自社で作成する帳簿・決算関係書類は、作成当初から一貫して電子的に作成されていることが必要であるため、自社で発行した紙の請求書や自社で作成した紙の決算書・総勘定元帳をPDF保存しても、電子帳簿保存法の対象にならないことを理解していますか。
⇒ スキャナ保存は、あくまでも書類の電子保存制度ですので、帳簿は対象になりません。また、書類についても、他社から交付を受けたものだけでなく、自社作成書類も対象とされているものの、決算関係書類はスキャナ保存の対象外とされています。

■ スキャナ保存は、タイムスタンプ付与要件が厳しいため、厳密にや

ろうとすると中小企業では厳しい場合が多いことを理解していますか。
⇒　スキャナ保存の様々なルールを満たして保存するためには，対応ソフト等を使用することが一般的です。ルールに従って保存できる対応ソフト等か確認する方法は，国税庁ホームページに掲載しています。
（参考）
はじめませんか，書類のスキャナ保存
https://www.nta.go.jp/law/joho-zeikaishaku/sonota/jirei/toku-setsu/pdf/0023006-085_03.pdf

■　スキャナ保存の場合であっても，事前に届出が必要な場合があることを理解していますか。
⇒　スキャナ保存を始めた日より前に作成・受領した重要書類（過去分重要書類）をスキャナ保存する場合は，あらかじめ税務署に届出書を提出する必要があります。

■　スキャナ保存は要件が厳しいのでやっても意味がないと考えていませんか。
⇒　税法上の要件を満たすのは大変ですが，実務上は電子化を進めておき，手元で確認できたり，検索性の高い書類を保存していくことには大きな意味があります。企業のDX推進という視点からは，紙を捨てる時期を早めることができないものの，電子化の推進を進めることには意味があります。税理士事務所が企業のDX推進を逆行させるような立ち位置にならないよう気をつける必要があります。

44 電子取引

1 制度のあらまし

電子帳簿保存法は、帳簿・書類の電子的保存とは別個に、電子取引のデータ保存についても規定しています。この電子取引のデータ保存は、強制的な義務規定となっています。

2 解説とチェックポイント

2—1 電子取引とは

電子取引とは、取引情報の授受を電磁的方式により行う取引をいいます（電帳法2五）。そして、取引情報とは、取引に関して受領し、または交付する注文書、契約書、送り状、領収書、見積書その他これらに準ずる書類に通常記載される事項とされています。

例：・いわゆるEDI取引
　　・インターネット等による取引
　　・電子メールにより取引情報を授受する取引（添付ファイルによる場合を含む）
　　・インターネット上に設けたサイトを通じ取引情報を授受する取引

2—2 電子取引の取引情報に係る電磁的記録の保存（電帳法7）

所得税および法人税において、電子取引を行った場合には、一定の要件を満たすように、電子取引の取引情報に係る電磁的記録を保存しなければならないこととされています。この電子取引の保存は、帳簿・書類

の場合と異なり，例外規定ではなく，強制的な義務規定である点に注意が必要です。

なお，源泉徴収に係る所得税はこの規定の対象外とされており，消費税については消費税法で別途定めがある点に注意が必要です。

2－3　令和5年度税制改正による手当

令和5年度税制改正前までは，経過措置としての宥恕措置のみで，令和6年から電子取引への対応が必須の状況でした。しかし，検索要件など要件の厳しさで対応が間に合わないことを踏まえた令和5年度税制改正では，電子取引の法令に従った保存でネックとなる検索要件・改ざん防止措置の対応をなくす猶予措置が設けられました。ただし，原則規定によらない場合，電子取引データの保存と税務調査でのダウンロードの求めに応じることが必須となっています。

なお，宥恕措置は経過措置であるとともに紙出力保存があれば，データ保存義務を必須としていませんでした。改正後の猶予措置は本法規定であるとともに，データ保存を必須としている点で，宥恕措置とは大きな違いがあります。

2－4　電子取引保存の5類型

電子取引保存義務対応には，以下の5類型があります。

【1】規則4条1項　原則規定
1　原則措置（範囲検索・複数条件検索・日付金額取引先検索が必要）
　真実性（改ざん防止）＋[検索＋概要説明書＋画面出力]
2　検索要件緩和例外措置1（範囲・複数条件指定検索不要。日付・金額・取引先での検索要）
　真実性（改ざん防止）＋[検索＋概要説明書＋画面出力]＋DLの求めに応じる

> 3　検索要件緩和例外措置2－1（検索要件完全撤廃）
> 　（真実性（改ざん防止）＋［概要説明書＋画面出力］）＋基準期間売上5千万円以下＋DLの求めに応じる
> 4　検索要件緩和例外措置2－2（検索要件完全撤廃）
> 　（真実性（改ざん防止）＋［概要説明書＋画面出力］）＋書面出力内容の整序保管＋DLの求めに応じる
> 【2】規則4条3項　猶予措置
> 5　相当の理由＋書面印刷保存＋DLの求めに応じる

（DL＝ダウンロード）

　1から5のいずれかを満たせばよいこととされています。論者によっては、できるだけ5を選ぶべきではなく、1から4で対処すべきとの論者もいます。

　しかし、中小企業では、猶予措置である5の採用で構わないと考えます。それは、猶予措置の条件としての「相当の理由」は、対応が困難な事業者の実情に配意して設けられたものであり、「例えば、その電磁的記録そのものの保存は可能であるものの、保存要件に従って保存するためのシステム等や社内のワークフローの整備が間に合わない等といった、自己の責めに帰さないとは言い難いような事情も含め、要件に従って電磁的記録の保存を行うことが困難な事情がある場合を対象とするものであり、資金的な事情を含めた事業者の経営判断についても考慮がなされる」（電帳法通達解説7-12（猶予措置における「相当の理由」の意義））との課税当局の解説もあるからです。

44 電子取引　245

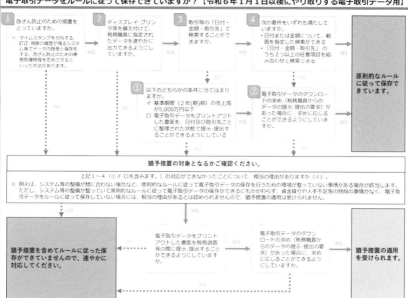

(https://www.nta.go.jp/law/joho-zeikaishaku/sonota/jirei/tokusetsu/pdf/0023006-085_01.pdf#page=3)

チェックポイント！

■　受信した電子メールに添付されている請求書・領収書等のPDFファイルについては，電子取引として保存の対象となることを理解していますか。
　⇒　猶予措置でも，オリジナルデータの保存を行い，税務調査時にはダウンロードの求めに応じる必要があります。データを捨てないように関与先への指導が必須です。
■　紙交付を受け，自社でのPDF変換後の保存も電子取引保存と誤解していませんか。
　⇒　こちらは要件を満たせば，電子書類保存（電帳法4②）の対象となります。関与先の誤解が多いところです。元々の処理の流れが知らない間に変わっていることがあります。また，PDFになってしまえば，元が紙なのかどうか区別は困難です。
■　紙印刷保存では法令違反だと誤解していませんか。
　⇒　電子取引データ保存が前提ですが，令和5年度税制改正で創設さ

れた猶予措置により適法な保存となりました。改正法成立前に流されたCMの影響で誤解している納税者がまだ相当数いるようです。
■ スマホアプリ決済で電子的に利用明細書を受領する場合も，電子取引保存の対象になることを理解していますか。
　⇒　通常，支払日時，支払先，支払金額等が記載されていることから，電子取引に該当するとされています（電帳法一問一答【電子取引関係】問7）。システム的にデータがダウンロードされない場合には，画面ハードコピーなどを残すことが必要と考えられます。

> **Column10** 条文は目次から読もう

　条文を読む際に大事なこととして，目次から読む，というのがあります。これは別に条文に限ったことではなく，目次がある書籍や論義を読む際には，非常に重要な心得です。

　目次を読むことがなぜ大事か。それは，その条文全体がどのような構造になっているかを最初に確認できることと，条文を読んでいく際に，今自分が読んでいるのは全体のどこかを確認できることが重要だからです。

　条文は，要件と効果，つまり，こうだったらああなる，という条件と結果で構成されています。プログラム文で言うところの，if then 構造と同じです。そして，プログラム文同様，1つの文で，要件と効果が完結するものだけではなく，複数の文にまたがって，要件と効果が記述されているものがあります。

　そのような複数の文にまたがって記述がされている場合，条文のどこまでに何が書いてあるのか，途中で迷子になってしまうことがあります。その際に，目次が1つの手がかり，頼りになります。条文は，必ず，目次で示された内容について書いているはずだからです。

　条文の海で迷子にならないために，目次を活用する。これが，目次を最初に読むことの非常に重要な効用です。

　そして，目次を読むことは，条文の読み飛ばしを防ぐのにも役立つ効果があります。条文の一部だけを読んで，全部分かったつもりだったが，実は，後の方で関連する条文がある，というのは，条文読みあるあるです。

　目次を事前に読んでおくことで，これを少しでも減らすことにつながります。もちろん，結局は全部を一読しないと，読み落としは完全にはなくなりません。しかし，最初から，全部を読み通すことができるのは，本当に一部のレアな人たちだけです。

　私のような凡人は，目次を活用して，地道な条文読みを繰り返していくしかないのだと思います。一緒に頑張りましょう。

（濱田康宏）

45 組合税制

1 制度のあらまし

名古屋航空機リース事件を契機とした平成17年度税制改正により，組合損失の利用に規制が入りました。この時は，有限責任事業組合（LLP）導入のタイミングでもあったことから，LLPへの対応と任意組合・匿名組合における処理についても規制が行われました。

2 解説とチェックポイント

2－1 組合課税

組合という事業体には法人格がないことから，構成員である各組合員が組合財産を直接保有するものとして，その損益も各組合員に帰属するという，いわゆるパススルー課税が行われます。

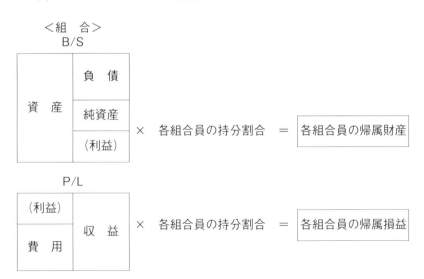

> **チェックポイント！**
>
> ■ 組合からの分配金受領時に益金計上していませんか。
>   ⇒ 分配時期には関係なく，組合事業における収益発生時に益金を認識します。損金も同様です。
> ■ 損益分配割合を確認していますか。
>   ⇒ 出資比率と異なる損益分配割合が，組合における約款等で定められている場合には，その合理性を検討します。不合理だとされれば，寄附金・受贈益として整理される可能性があります。

2-2 記帳方法

組合出資の記帳方法には3通りあり，メリット・デメリットの考慮が必要です。

① 総額法（原則的方法）

資産・負債・収益・費用を総額計上します。

② 総損益法（中間法）

資産・負債は出資で処理し，収益・費用は総額計上します。

③ 純額法

資産・負債・収益・費用は出資処理し，損益は純額計上します。

> **チェックポイント！**
>
> ■ 受取配当等の益金不算入規定や貸倒引当金の設定等の適用を受ける場合，①総額法か②総損益法によっていることを確認していますか。
>   ⇒ ③純額法では，これらの税務上の恩典は使えません。
> ■ 寄附金や交際費等の損金不算入規定を考慮していますか。
>   ⇒ どの方法でも考慮しますが，③純額法の場合，別途把握が必要です。
> ■ 匿名組合出資の場合，純額法による記帳方法しか使えないことを理解していますか。
>   ⇒ 任意組合の場合，純額法・中間法による記帳も可能ですが，匿名組合の場合，営業者から利益または損失の分配を受ける構造のため，

>   純額法しか使えません。
> ■ 任意組合によっては，組合決算書で減価償却費が計上していない場合があることを理解していますか。
>   ⇒ この場合，自社の採用する減価償却方法（通常は定率法）による減価償却費を別途自社の仕訳として計上する必要があります。

2－3　組合損失の利用規制

　組合事業等による損失がある場合，金融商品的な損失利用を排除するため，特定組合員の損失利用に制限をかけました（措法67の12）。特定組合員とは，①組合事業に係る重要な財産の処分や譲受けまたは組合事業に係る多額の借財に関する業務の執行の決定に関与し，かつ，②これら重要業務のうち契約を締結するための交渉などの重要な部分について自らが執行する組合員との2要件を満たさない組合員です。

　なお，有限責任事業組合契約の場合にも，出資額超過部分の損失利用規制がかけられています（措法67の13，措令39の32，措規22の18の3）。

チェックポイント！

> ■ 組合事業について組合契約の内容を検討していますか。
>   ⇒ (a)法人組合員が特定組合員に該当する場合で，かつ，(b)組合事業に係る債務につき弁済する責任の限度が実質的に組合財産の価額とされている場合には，
>   ① 事業年度の法人組合員の組合事業による損失金額のうち法人組合員の出資の価額から計算した金額（事業年度末の法人組合員出資残高相当額）を超える部分の金額
>   ② 組合事業に関し収益保証契約が締結されているなど，組合事業が実質的に欠損にならないことが見込まれる場合の組合損失の全額
>   が損金算入されないこととなります。

【組合等損失超過額のイメージ】

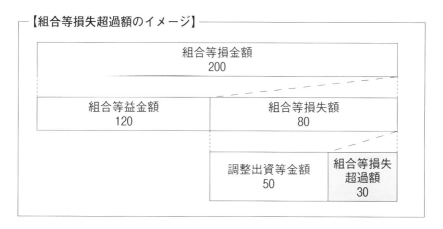

【組合等損失超過合計額の損金算入イメージ】

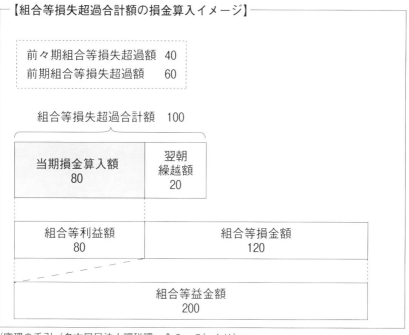

(審理の手引(名古屋局法人課税課・令2・7)より)

252

3 記載例

【別表九(二)】

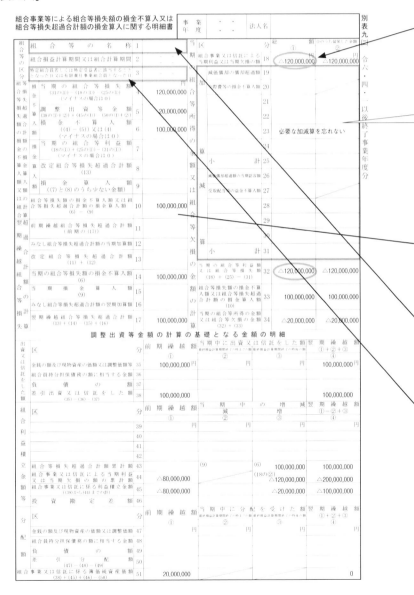

45 組合税制   253

> 組合決算書などから記入しますが，自社の経理方式（消費税の税込・税抜経理など）次第では，補正が必要なこともあります。

チェックポイント！

- 必要な加減算を忘れていないか確認していますか。
  ⇒ 純額法の場合であっても，交際費や寄附金などの損金不算入規定による調整は必要です。
  　総額法の場合であれば，受取配当等の益金不算入規定の適用も可能です（「2－2　記帳方法」参照）。

【別表四】

【別表五(一)】

> 組合事業が複数ある場合にはその組合事業ごとに作成します。

> 損金不算入額がない場合でも，特定組合員あるいは有限責任事業組合（LLP）の組合員の場合，この別表作成が必要とされています。

46 公益法人税制

1 制度のあらまし

　公益法人制度改革を受けた平成20年度税制改正により，公益法人税制の抜本的改正が行われました。ポイントは，従来と異なり，公益性と切り離された，持分の定めのない法人つまり一般社団法人および一般財団法人の登場に対して，税制がいかに対応しているかです。

　法制では，公益法人をいきなり主務官庁の許可により設立する従来制度を改め，登記により誰でも一般社団法人・一般財団法人を作れるものとし，公益認定を受けることで，公益認定社団法人・公益認定財団法人となる，二段階制度を導入しました。

　これを受けた税制は，法制の2階建構造を，[1] 1階は分配規制が不完全で株式会社同様の全所得課税の普通法人とし，[2] 2階は公益認定を受けていないが，法人税法施行令の要求する非営利型法人の要件を満たすものとして，公益法人等に組み入れ，3階の公益認定法人の課税と同じく，収益事業課税の制限納税義務者とするという，3階建構造に組み替えました。

3階	公益認定法人	公益法人等	収益事業課税 (制限納税業務者)
2階	非営利型法人 (非営利徹底型・共益型)		
1階	その他の一般社団法人 その他の一般財団法人	普通法人	全所得課税 (無制限納税義務者)

　3階法人は公益認定によるチェックがかかりますので，本書では1階ないし2階法人に絞って記述します。

2 解説とチェックポイント

2−1 非営利型法人の要件を満たしているか

多くの場合,収益事業課税となる2階の非営利型法人を目指しているはずですが,この要件を満たさない事例が数多くあります。非営利型の類型は,非営利徹底型と共益型の2種類があり,非営利徹底型は,残余財産を,将来国や地方公共団体あるいは公益認定法人にのみ寄贈することになる法人であり,いわば公益法人の卵というべき存在です。これに

類型	要件
① 非営利性が徹底された法人 (法法2九の二イ,法令3①)	1 剰余金の分配を行わないことを定款に定めること。
	2 解散したときは,残余財産を国・地方公共団体や一定の公益的な団体に贈与することを定款に定めていること。
	3 上記1および2の定款の定めに違反する行為(上記1,2および下記4の要件に該当していた期間において,特定の個人または団体に特別の利益を与えることを含みます)を行うことを決定し,または行ったことがないこと。
	4 各理事について,理事とその理事の親族等である理事の合計数が,理事の総数の3分の1以下であること。
② 共益的活動を目的とする法人 (法法2九の二ロ,法令3②)	1 会員に共通する利益を図る活動を行うことを目的としていること。
	2 定款等に会費の定めがあること。
	3 主たる事業として収益事業を行っていないこと。
	4 定款に特定の個人または団体に剰余金の分配を行うことを定めていないこと。
	5 解散したときにその残余財産を特定の個人または団体に帰属させることを定款に定めていないこと。
	6 上記1から5までおよび下記7の要件に該当していた期間において,特定の個人または団体に特別の利益を与えることを決定し,または与えたことがないこと。
	7 各理事について,理事とその理事の親族等である理事の合計数が,理事の総数の3分の1以下であること。

対して、共益型は、会費型のよくある組織を念頭に置いた組織設計の法人です。これらの要件の中には、定款あるいは登記等を確認すると、要件に該当する・しないが一目瞭然になってしまうものがあります。

> **チェックポイント！**
>
> ■ 同族理事の割合が理事全体の3分の1以下になっていますか。
>   ⇒ 非営利徹底型・共益型共通の要件ですが、たとえば、理事1名の機関設計を行っている場合、その法人は、2階にはなりようがなく、1階法人にしかなれないことになります。なお、期中で3分の1超となっても、期末までに3分の1以下にしてあれば、非営利型法人にとどまることが可能です（法基通1-1-12但書）。
> ■ 2階法人が1階法人になった場合の取扱いを理解していますか。
>   ⇒ 収益事業課税されていなかった部分の所得について、取戻し課税が生じます（法法64の4）。逆に1階法人が2階法人になる場合、青色欠損金の切捨てなどの調整計算が生じる点も重要です（法法10、法令14の7）。
> ■ 特定の個人に特別の利益を与えているとされると、2階の非営利型法人に該当せず、1階の普通法人に該当することとされ、収益事業課税でなく全所得課税となることを理解していますか。
>   ⇒ 「演習場地主、100億円申告漏れ 陸自・東富士、制度変更」（中日新聞2018年6月8日）との報道事例があり、納税者は国税不服審判所の審判を仰ぎましたが、この点についての審査請求は棄却されました（令01-05-07裁決（名裁（法）平30-32））。
> ■ 共益型法人の要件を満たさない限り、定款に剰余金の分配を行わない旨の定め等がなければ、非営利型法人に該当しないことを理解していますか。
>   ⇒ ゴルフ場を経営する一般社団法人が、異動届出書に添付された定款を根拠に、非営利徹底型の非営利型法人に該当しないとされた裁決例があります（平30-03-01裁決（東裁（法）平29-90））。
> ■ 2階の非営利型法人に該当した場合、収益事業以外の事業等から生ずる利子および配当等に課された所得税を取り戻しできないことを理解していますか。
>   ⇒ 法人税の額から控除することはできないとされた裁決があります（令02-03-12裁決（熊裁（法）令元-3））。

2−2　基金の扱い

　資金調達の必要性と財務的健全性確保の視点から，一般社団法131条において，一般社団では，定款で定めることで基金を設定可能です。この基金は，会計上は，純資産の部に表示されます。

> チェックポイント！
>
> ■　基金を，資本金の額あるいは資本金等の額と誤解していませんか。
> 　⇒　基金とは劣後債務であり，出資とは異なります。

3 記載例

＜2階法人が1階法人に転落した場合の取戻し課税の記載例＞

公益法人等が普通法人等に移行する場合等の累積所得金額又は累積欠損金額の益金又は損金算入等に関する明細書

事業年度	・ ・	法人名		別表十四(九)

令六・四・一以後終了事業年度分

I 公益認定の取消しにより普通法人に該当することとなった場合等の累積所得金額又は累積欠損金額の益金又は損金算入に関する明細書

項目	番号	金額
移行日又は適格合併の日	1	・ ・
資産の帳簿価額	2	円
負債の帳簿価額	3	
利益積立金額	4	
簿価純資産価額 (2)-((3)+(4))	5	円
公益目的取得財産残額	6	
累積所得金額の益金算入額 (5)-(6) (マイナスの場合は0)	7	
累積欠損金額の損金算入額 (6)-(5) (マイナスの場合は0)	8	

II 移行法人が普通法人に該当することとなった場合等の累積所得金額又は累積欠損金額の益金又は損金算入等に関する明細書

項目	番号	金額
移行日又は適格合併の日	9	R06・03・31
資産の帳簿価額	10	50,000,000 円
負債の帳簿価額	11	10,000,000
利益積立金額	12	15,000,000
簿価純資産価額 (10)-((11)+(12))	13	25,000,000
公益目的財産残額	14	10,000,000
公益目的収支差額の収入超過額	15	
資産の時価評価損の額	16	
資産の時価評価益の額	17	
修正公益目的財産残額 (14)+(15)+(16)-(17) (マイナスの場合は0)	18	10,000,000
簿価純資産価額 (13) (マイナスの場合は0)	19	25,000,000
当初調整公益目的財産残額 (18)と(19)のうち少ない金額	20	10,000,000
累積所得金額の益金算入額 (13)-(20) (マイナスの場合は0)	21	15,000,000
累積欠損金額の損金算入額 (20)-(13) (マイナスの場合は0)	22	

項目	番号	金額
当期調整公益目的財産残額又は期首調整公益目的財産残額 (20) 又は (前期の(35))	23	円
当期における公益目的支出の額	24	
同上のうち損金不算入額	25	
過年度において損金不算入額とされた公益目的支出の額のうち当期認容額	26	
調整後の当期公益目的支出の額 (24)-(25)+(26)	27	
当期における実施事業収入の額	28	
同上のうち益金不算入額	29	
過年度において益金不算入額とされた実施事業収入の額のうち当期加算額	30	
調整後の当期実施事業収入の額 (28)-(29)+(30)	31	
差引 (27)-(31) (マイナスの場合は0)	32	
当期における損金不算入額 ((23)と(32)のうち少ない金額)	33	
当期における益金不算入額 (マイナスの場合は0)	34	
期末調整公益目的財産残額 (23)-(24)+(28)	35	

「収益事業以外の事業から生じた所得」は、法人全体での純資産差額計算により算定される。

別表4 ←

III 社会医療法人の認定を取り消された医療法人が実施計画に係る認定を受けた場合等の累積所得金額又は累積欠損金額の益金又は損金算入等に関する明細書

項目	番号	金額
移行日	36	・ ・
資産の帳簿価額	37	円
負債の帳簿価額	38	
利益積立金額	39	
簿価純資産価額 (37)-((38)+(39))	40	
当初救急医療等確保事業用資産の取得価額の見積額の合計額	41	
当期末資産価額 (40) (マイナスの場合は0)	42	
当初救急医療等確保事業用資産取得未済残額 (41)と(42)のうち少ない金額	43	

項目	番号	金額
累積所得金額の益金算入額 (40)-(43) (マイナスの場合は0)	44	円
累積欠損金額の損金算入額 (43)-(40) (マイナスの場合は0)	45	
実施期間	46	・ ・ ～ ・ ・
当初救急医療等確保事業用資産取得未済残額又は期首救急医療等確保事業用資産取得未済残額 (43) 又は (前期の(50))	47	円
当期における救急医療等確保事業用資産の取得価額の合計額	48	
当期益金算入額 (47)-(48)	49	
期末救急医療等確保事業用資産取得未済残額 (47)-(48)-(49) (マイナスの場合は0)	50	

Column11　「大阪勉強会からの税法実務情報」ブログについて

大阪勉強会からの税法実務情報
(https://taxmlcheck.jugem.jp/)

　元々，筆者たち，大阪勉強会のメンバーは，弁護士関根稔先生が主宰される taxML という税法を話題とするメーリングリスト出身です。taxML で議論する中で，更にリアルでも集まって，いろいろと勉強していこうというメンバーが自発的に集まって，大阪勉強会がスタートしました。

　この「大阪勉強会からの税法実務情報」ブログは，大阪勉強会のメンバーが日々執筆して，税法や実務の情報を発信していこうということで，2013年9月にスタートしましたが，これは元々関根先生の発案です。

　あるとき，関根先生が，「税理士なら誰でも毎日朝一番に見る，見ないと始まらない，そんなブログを作りなさい」と，我々に強く勧めて下さり，その後も何度かお勧めをいただいて，メンバーのうち白井先生がブログをレンタルしてくれ，ここに税法実務情報ブログが開始したわけです。

　当初は，「taxML からの税法実務情報」という標題でしたが，メンバーの一部が taxML から抜けることになり，タイトルを変更することになり，現在に至ります。

　自分たちが必要だと思ったことや，重要だと思ったことを書いていく，岡野訓先生がよく言う「実務目線」を大事にしているのは，雑誌・書籍でも，このブログでも変わりません。

　ただ，関根先生が言われた，「税理士なら誰でも毎日朝一番に見る，見ないと始まらない，そんなブログ」への道は，まだまだ遠いですね。日々，担雪埋井の精神で頑張っていきたいと思います。

(濱田康宏)

47 信託税制

1 制度のあらまし

　信託とは，委託者が受託者に対して財産権の移転その他の処分をし，受託者が信託目的に従って，受益者のために信託財産の管理，処分等をすることをいいます。

　法人税では信託の類型を規定し，法制上の財産権の移転や信託財産の管理，処分等による所得等の帰属によらず，その信託の類型に応じた課税関係を構築しています。ここでは，主な信託について課税上の概略を説明します。

図表47－1　信託の基本形

委託者

受託者

受益者

信託財産 → 信託収益 →

| 委託者が自己の財産を信託財産とする | 契約で定められた目的に従い受託した財産（信託財産）の管理，運用等をする | 信託財産から財産の給付を受け，受託者の監視・監督を行うなどの権利（受益権）を有する |

2 解説とチェックポイント

2－1 受益者等課税信託

　受益者等課税信託は，他の信託の区分のいずれにも該当しない信託を

いい，受益者段階課税（発生時課税）が適用されます。受益者等課税信託の受益者は，その信託財産に属する資産および負債を有するものとみなし，かつ，その信託財産に帰せられる収益および費用はその受益者の収益および費用とみなして，その受益者の各事業年度の所得の金額を計算します（法法12①）。

　受益者等課税信託について，受益者等である法人のその信託による損失の額のうちその信託の信託財産の帳簿価額を基礎として計算した金額を超える部分の金額は損金の額に算入されません。

　また，信託の最終的な損益の見込みが実質的に欠損となっていない場合に，損失補塡契約等により信託による損益が明らかに欠損とならないと見込まれる時には，その損失の全額が損金の額に算入されません（措法67の12，措令39の31）。

> **チェックポイント！**
>
> ■　受益者等課税信託における受益者を理解していますか。
> 　⇒　法人税法上の受益者は，受益者としての権利を現に有するものに限られますが，信託の変更をする一定の権限を現に有し，かつ，その信託の信託財産の給付を受けることとされている者も受益者に該当します（法法12②，法基通14-4-1）。

2-2　法人課税信託

　法人課税信託は，受益証券発行信託，受益者等が存在しない信託，租税回避のおそれがある一定の信託（租税回避型信託）で，集団投資信託，退職年金等信託および特定公益信託等以外のものをいいます（法法2二十九の二）。受託者を法人税の納税義務者とし，その信託の信託財産に係る所得について，その受託者の固有財産に係る所得とは区別して法人税が課税されます（法法4の2・4の3）。

（1）受益証券発行信託

受益証券発行信託は，信託法上の受益証券発行信託のうち，特定受益証券発行信託に該当しないものをいいます（信託法185③）。

（2）受益者が存在しない信託

遺言により設定された目的信託等のことをいいます。受益者には受益者等課税信託と同様，受益者とみなされる者を含みます。

この信託の設定時には，受託者に対して，その信託財産の価額に相当する金額について受贈益として法人税が課税されます。委託者が個人であるときは，所得税法58条1項（みなし譲渡）が適用されます。

受益者等が存在しない信託について，その後に受益者等が存在することとなった場合（受益証券発行信託または租税回避型の法人課税信託に該当する場合を除きます）には，原則としてその受益者等に対して受益権の取得による受贈益について課税はされません。そして，その後は受益者等課税信託の課税関係になります。

受益者が存在することなく信託が終了した場合には，受託者に対して法人税が課税されるとともに，残余財産を取得した帰属権利者に対して法人税または所得税が課税されます。

（3）　租税回避型信託

この信託には，法人（公共法人および公益法人等を除きます）が委託者となる信託のうち，次の要件のいずれかに該当するものが該当します。

この信託の信託財産に係る所得については，その受託者の固有財産に係る所得とは区別して法人税が課税されます。

① その信託の効力発生時において，委託者である法人の重要な事業が信託されたもので，その法人の株主等が受益権の50％超を取得することが見込まれていたこと（金銭以外の信託財産の種類がおおむね同一である場合等を除きます）

② その信託の効力発生時等において，自己信託等であり，かつ，そ

の存続期間が20年を超えるものとされていたこと（信託財産に属する主たる資産が減価償却資産の場合において，その減価償却資産の耐用年数が20年を超えるとき等を除きます）
③　その信託の効力発生時において，委託者である法人の特殊関係者を受益者とする自己信託等で，その特殊関係者に対する収益の分配割合の変更が可能であること

2−3　集団投資信託

集団投資信託とは，合同運用信託，一定の要件を満たす投資信託（いわゆる証券投資信託）および外国投資信託，特定受益証券発行信託のことをいいます（法法2二十七・二十九）。集団投資信託は，その信託の信託財産に係る所得について課税はされず，信託収益が受益者に分配されるときに，その受益者に対して課税されます（法法12③）。

特定受益証券発行信託とは，信託法上の受益証券発行信託のうち，税務署長の承認を受けた法人が引き受けたものであることなどの要件に該当するものをいいます。

特定受益証券発行信託は，その信託収益を受益者が現実に受領した時にその受益者に対して課税されます。

> **チェックポイント！**
>
> ■　信託の課税類型区分に従った処理をしていますか。
> ⇒　みなし受益者に該当する者がいるにもかかわらず，受益者が存しない信託とするなど，信託の課税類型を誤らないようにします。

48 組織再編税制・行為計算否認

1 組織再編税制とは

　法人税法において組織再編成とは，合併，分割，現物出資，株式交換等，株式移転，現物分配（株式分配を含みます）を指しますが，これらの行為に伴う課税関係を組織再編税制といいます。これらの行為が行われた場合に，中心となる税務上の問題は，移転資産に係る譲渡損益の計上の要否です。

（1）合　併

　会社同士が契約によって1つの会社になることをいいます。新たに新会社を設立し，会社の権利義務を包括的に新設会社に承継させる新設合併（会2二十八）もありますが，実務で多く行われる合併は，1つの会社が存続会社として他の一方の会社の権利義務を包括的に承継し，他の一方の会社は清算手続を経ずに解散する吸収合併（会2二十七）です。

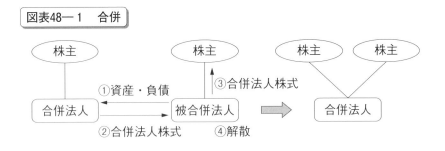

図表48―1　合併

（2）分　割

　会社が，事業（事業に関する権利義務）を分割して，他の会社に承継

させることをいいます。会社分割は，分割した事業を受け入れる会社が，既存の会社であるのか，新設会社であるのかにより，「吸収分割」（会2二十九）と「新設分割」（会2三十）とに分けられます。さらに，税法上は，会社分割は，分割型分割と分社型分割とに区分されます。

分割型分割は，移転元法人の株主が，移転した事業の対価である移転先法人株式の交付を受けます。典型的には，子法人から別の子法人に事業を移転させる会社分割手法です。具体的には，事業を移転する対価として受け取った株式を，株主に現物配当することになります（会763十二）。

分社型分割は，移転元法人が，移転した事業の対価である移転先法人株式の交付を受けます。典型的には事業部門を新たな100％子法人として分離する場合の会社分割手法です。分割型分割はヨコの事業の移転，分社型分割はタテの事業の移転と考えるとイメージしやすいでしょう。

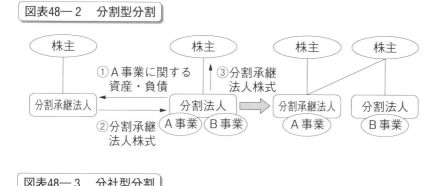

図表48−2　分割型分割

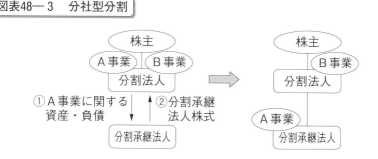

図表48−3　分社型分割

（3）現物出資

　現物出資とは，株式会社の設立や，新株の発行にあたり，金銭以外の財産を出資することをいいます（会199①三・207）。

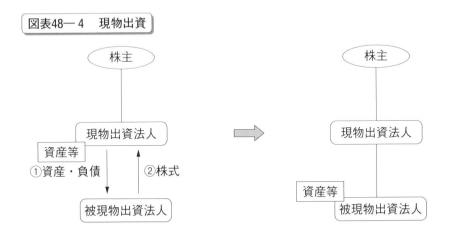

図表48—4　現物出資

（4）株式交換等

　株式交換とは，完全子会社となる会社の株主が保有する全株式を，完全親会社となる既存会社の株式と交換する手法です（会2三十一）。100％親子会社関係を実現するために，ある法人が，別の法人の株式をすべて取得し，買収代金として現金の代わりに自社株を発行して100％親子関係を実現します。

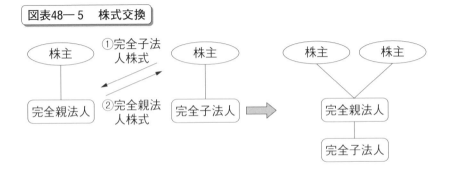

図表48—5　株式交換

また，全部取得条項付種類株式，株式併合または株式売渡請求を使えば，少数株主を締め出し，100％親子関係を実現できることから，これらの行為も，法人税法では株式交換等（法法２十二の十六）として株式交換と同じカテゴリーに分類されています。

（5）株式移転

株式移転とは，完全子会社となる会社の株主が保有する全株式を，新たに設立する完全親会社となる会社へ現物出資する手法です（会２三十二）。実務では，法人同士が経営統合のために，100％親法人を新たに設立する際に株式移転がよく利用されています。

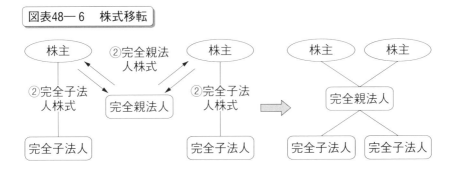

図表48―6　株式移転

（6）現物分配

金銭以外の財産で行う配当が現物分配です（会454①④）。法人税法では，会社法における現物配当に，みなし配当事由に基づく金銭以外の財産の分配を加えたものを現物分配と称しています。

図表48―7　現物分配

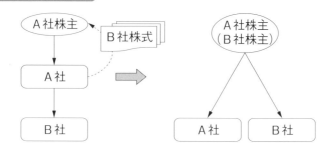

（7）株式分配

　現物分配のうち，100％子会社の株式等の全てを株主に分配するものです。株主に対して，会社の事業を切り出して設立した子会社の株式または既存の子会社の株式を交付することにより，事業または子会社を切り離す行為を「スピンオフ」といいますが，株式分配は子会社をスピンオフする場合に使われる手法です。

図表48―8　株式分配

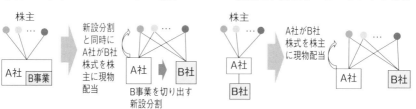

　税務上は，(1)から(7)の類型についてその組織再編成後も株主が移転資産等を実質的に保有したままといえるのかそれとも手放したのかによって，その譲渡損益の計上の要否が決まることになります（株式分配に関しては，再編当事者が保有したままかという特殊な判断をしています）。

もし保有したままといえる（移転資産等への支配が継続している）状態であれば譲渡損益を繰り延べ，手放したといえる（移転資産等への支配が継続していない）状況であれば譲渡損益の計上が求められます。法人税法では，前者を適格組織再編成，後者を非適格組織再編成として区分しています。

> **チェックポイント！**
>
> ■ 組織再編成を行った場合，どこで課税関係が生じるのか理解していますか。
> ⇒ 組織再編成を検討する場合には，課税関係が生じる者を確実に把握し，課税関係の検討もれをなくすのが第一です。
> ■ 組織再編成を行った場合に，組織再編成に関する付表を確定申告書に添付していますか。

組織再編成に係る主要な事項の明細書		事業年度	・ ・	法人名		付表
提出対象法人の区分、組織再編成の態様及び組織再編成の日	1	区　分	態　様		組織再編成の日	
		被合併法人・合併法人・分割法人・分割承継法人・現物出資法人（株式交付以外）・被現物出資法人（株式交付以外）・株式交付親会社・現物分配法人・被現物分配法人（適格現物分配）・株式交換完全親法人・株式交換完全子法人・株式移転完全親法人・株式移転完全子法人	合併・分割型分割（単独新設分割型分割以外）・単独新設分割型分割・分社型分割・中間型分割・現物出資（株式交付以外）・株式交付・現物分配（株式分配以外）・株式分配・株式交換・株式移転		・　・	

2　適格要件

　適格組織再編成か非適格組織再編成かは，組織再編成を行う当事者間の資本関係と再編で交付される対価に応じて，次頁の図のように判定することになります（法法2十二の八～十二の十八）。

> **チェックポイント！**
>
> ■ 適格要件以外の課税関係を検討していますか。
>   ⇒ 資産の譲渡損益の問題がメインですが，その他に，繰越欠損金の引継ぎあるいは自社での利用の他にも，株主課税の検討も必要であり，知らずにやると火傷する領域です。

3 租税回避防止規定

組織再編税制には，組織再編成を利用した結果，法人税の負担を不当に減少させたものに対し，その行為あるいは計算を否認し，課税当局が合理的と考える計算結果として更正あるいは決定できる規定が用意されています（法法132の2）。

そのため，適格要件を検討する際には，適格要件を単なる形式的な要件として捉えず，目的・事業・組織・顧客などの再編前後の状況を把握して，経済的実態の変化の有無を総合的に判断することが必要です。

> **チェックポイント！**
>
> ■ 組織再編成を行う前にその行為の意義を明確にしていますか。
>   ⇒ 租税回避防止規定がある以上，条文の趣旨を無視して，限定列挙的に条文を読むことはできないと解すべきです。移転する事業の移転前後の実態が問われることを，計画段階で意識しておくべきでしょう。

> **Column12** 濱田康宏先生について

　振り返ってみれば，濱田先生から私（白井）に電話からあったことから大阪勉強会は始まりました。当時駆け出しの私から見れば税法モンスターぞろいのtaxMLの中でも中心的な役割を果たしていた濱田先生からの連絡にすっかり舞い上がってしまいましたが，豊富な知識で縦横無人に議論を展開する天才肌の濱田先生に勝手に抱いていた高身長イケメンのイメージとは違って（失礼！），実際にお会いしてみるとその親しみやすい風貌と話しやすい人柄から，すぐに何でも話せる大阪勉強会の兄貴分となってくれました。

　濱田先生は，温厚な雰囲気からは意外なのですが，好き嫌いが非常にはっきりしており，スジの悪い節税を提案したり勉強不足から納税者に不利益を与える専門家には容赦しない厳しさがあります（このあたりは大阪勉強会のブログ読者には説明不要でしょう）。

　濱田先生のパソコンにはこの世の税法知識のすべてが保存されているのですが，それを必要に応じて引き出す濱田先生自身がもはや人間SSDと化しており，実務で困ったときの資料探しはもちろんのこと，良い書籍がないかと相談すると，即，ドンズバの実務書を紹介してくれます。

　大阪会議は濱田先生を司会進行役にリラックスした雰囲気で議論が進むのですが，メンバーのエッジの効いた意見を活かしながらも常に全員野球を重んじる監督でもあります。困った時には「ふりむけば濱田先生」。これがメンバーの濱田先生に対する共通認識です。

（白井一馬）

49 グループ通算

1 グループ通算制度とは

グループ通算制度とは、令和2年度税制改正で導入された制度です。100%保有関係にある内国法人間での損益通算を認める制度（法法64の5）で、従来の連結納税制度から改組されました。損益は各社間で通算しますが、単体申告の仕組みを採用しているため、申告納税は各法人で行います。

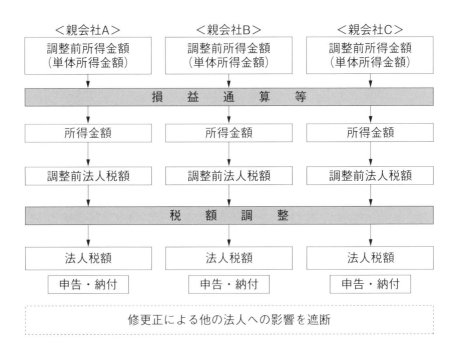

この制度は，強制的に適用される単体グループ法人税制とは異なり，通算制度の適用を申請し，承認されたグループのみが適用できます（法法64の9）。このように選択制となっている理由は，グループ通算制度の適用による事務負担が大きいことから，適用するか否かはそのグループの選択に委ねられたためです。ただし，租税回避防止の観点から，100％関係にあるすべての内国子法人を通算グループに入れなければなりません。一部の子法人のみを損益通算の対象とするようなことは認められません。

　なお，グループ通算制度は，法人税のみに適用される制度であるため，住民税・事業税の計算上は，各社単体での所得金額をベースに税額を計算する必要があります。

> **チェックポイント！**
>
> ■　いつでもやめられるので，グループ通算制度をとりあえず適用してみようと思っていませんか。
> 　⇒　グループ通算制度は承認を受ければ継続適用が要求されているため，合理的な理由がない限り，原則として取りやめはできません（法法64の10）。
> ■　平成26年度税制改正で創設された地方法人税の計算は，地方税と同様に各社の単体所得がベースになると思っていませんか。
> 　⇒　地方法人税は，地方税ではなく国税であるため，グループ通算制度を適用した結果の法人税額が課税標準額となります。

2　グループ通算制度開始時における繰越欠損金と時価評価

　グループ通算制度を利用すれば，グループ法人間での損益や繰越欠損金の通算が可能となります。一方で，グループ通算制度の適用開始前の繰越欠損金の持ち込み利用を無制限に認めると，租税回避に利用される

可能性があります。そこで、原則として、グループ通算制度適用前に繰越欠損金の切り捨てが求められます（法法57⑥⑦）。合わせて、資産の含み損は潜在的な欠損金であるため、特定の資産を時価評価し、含み損益の課税関係を清算します（法法64の11、12）。

しかし、組織再編税制における適格再編の考え方に合わせた要件を満たす法人については、繰越欠損金の切り捨てや時価評価をしないという例外が設けられています。

> **チェックポイント！**
>
> ■ 子法人の繰越欠損金を他のグループ法人で利用するためにグループ通算制度を適用しようとしていませんか。
> ⇒ その法人の繰越欠損金をグループ通算制度に持ち込めるかどうかの検討が必要です。また、持ち込めたとしても、その繰越欠損金は特定欠損金として、他の通算法人の所得とは通算できず、その法人自身の所得の範囲内でしか使用できません（法法64の7②一）。

3　グループ通算制度のメリット・デメリット

グループ通算制度を適用することにより新たに生じる課税関係は、各グループの状況により、メリットにもデメリットにもなります。

たとえば、グループ通算制度の最大のメリットは、グループ通算法人内での損益通算といわれます。通算グループに黒字法人と赤字法人がある場合に、その所得と欠損を通算することにより、通算グループ全体での納税額を減少させることができます。一方で、試験研究費の税額控除などでは、控除限度額が単体ではなく通算グループ単位の法人税額が上限となるため、損益通算の結果、単体納税をしていた場合より控除限度額が減少することも考えられます（措法42の4⑧）。

また、通算グループ内のいずれかの法人の資本金が1億円を超えると、

すべての通算法人において，中小法人に係る優遇措置（留保金課税の不適用，軽減税率の適用，交際費の特例など）が利用できなくなります。

このように，通算グループにおける納税額への影響という点だけでも，メリットとデメリットが両方存在するわけです。

次に，時価評価についての論点でも，メリットとデメリットが両方存在します。グループ通算の開始時または加入時に時価評価益が計上されることがありますが，当然に評価損も損金算入されます。

このように，グループ通算制度におけるメリット・デメリットは，各グループの状況によって異なってくるものであるため，その適用については，グループごとに詳細に検討する必要がある部分です。

しかし，グループ通算制度の導入により税金計算などの事務負担は確実に増加し，かつ，煩雑になることになります。これはグループ通算制度を導入すれば必ず生じるデメリットと言えます。

チェックポイント！

■　グループ法人税制の延長線上にある制度だと思っていませんか。
　⇒　グループ通算制度と単体グループ法人税制は全く異質のものです。グループ通算制度の導入による事務負担及びコスト増加は避けることができませんので，安易な適用は避けるべきです。
■　グループ内に赤字法人があるだけで，グループ通算制度を始めようとしていませんか。
　⇒　グループ通算制度を導入しても，メリットがなかった，デメリットが大きかったという話はよく聞きます。導入前の詳細なシミュレーションが必須になります。グループ通算制度導入によって，税負担が増加したという例もあります。

50 国際税務

1 国際税務とは

　国際税務とは，国境を越える経済活動に対する課税問題を扱う分野をいいます。国家間の課税権を適正に配分し各国の課税権を確保しつつ，納税者における二重課税や二重控除を排除することにより，国際的な経済活動の活発化を図ることが国際税務の役割といえます。

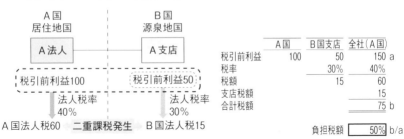

図表50—1　源泉地国課税と居住地国課税により二重課税が生じるケース

・A法人の居住地国（A国）では全世界所得に対して課税するため，B国A支店の利益に対してA国で課税する。
・B国においても，A支店の利益はB国の国内源泉所得として課税する。
・B国A支店の所得に対してA国とB国が課税する⇒二重課税が発生。

2 国際税務に関わる制度

　国際税務に分類される制度は，その目的ごとに以下のようなものがあります。

<二重課税の排除のための制度>

外国税額控除（法法69）
外国子会社受取配当等益金不算入制度（法法23の2）

<国家間の課税権を適正に配分するための制度>

外国法人に対する課税（法法8）
外国子会社合算税制（措法66の6・66の9の2）
移転価格税制（措法66の4）
過少資本税制（措法66の5）
過大支払利子税制（措法66の5の2）
各対象会計年度の国際最低課税額に対する法人税（法法82）

<その他>

子会社からの配当と子会社株式の譲渡を組み合わせた租税回避（法令119の3⑩）
国外送金等調書制度（内国税の適正な課税の確保を図るための国外送金等に係る調書の提出等に関する法律4①）
国外財産調書制度（内国税の適正な課税の確保を図るための国外送金等に係る調書の提出等に関する法律5①）

3 租税条約

　租税条約とは，簡単にいうと，国と国との間で結ばれる税金の取り決めです。正式な名称は，「所得に対する租税に関する二重課税の回避及び脱税の防止のための日本国政府と××国政府との間の条約」であり，略して租税条約と呼ばれています。日本においては，令和5年9月1日時点で，153ヵ国・地域と85の租税条約を結んでいます。

　この租税条約の目的は，二国間での経済活動の活発化です。その目的を達成するために，国家間の課税権の配分に関する規定や国際的な二重課税の排除規定などが中心に置かれています。また，近年では，脱税や租税回避の防止のため，税務当局間での協力規定も重要論点となっています。

租税条約はこのような目的で結ばれているため，国内法の規定に優先して適用されることになります。日本法人から米国法人に使用料を支払う場合を例に取ると，以下のように国内法が修正されます。

所得税法第213条 前条第1項の規定により徴収すべき所得税の額は，次の各号の区分に応じ当該各号に定める金額とする。
一 前条第1項に規定する国内源泉所得（ 略 ）
　その金額（ 略 ）に100分の20の税率を乗じて計算した金額

国内法では20%の源泉徴収となるが，
租税条約では日本（一方の契約国）は課税ができない

日米租税条約　第12条（使用料）
1　一方の締約国内（日本）において生じ，他方の締約国（米国）の居住者が受益者である使用料に対しては，当該他方の締約国（米国）においてのみ租税を課することができる。

ただし，国内法の規定の方が納税者に有利な場合には，国内法の規定が優先されます（プリザベーションクローズ）。これは，租税条約の適用によって納税者の税負担が増加することは，経済活動の活発化という租税条約の趣旨に反するからです。

この租税条約の対象は法人の場合，法人税と所得税ですが，条約によっては地方税も対象になっているものがあります。

また，租税条約は，以下のような4種類に分類されます。

　　　所得に関する租税条約　　　相続に関する租税条約
　　　租税情報交換協定　　　　　税務行政執行共助条約

通常，我々が目にしている租税条約は，そのほとんどが所得に関する

租税条約です。各国で生じた所得に対する取り決めをしているものです。

また、相続税でも国家間の調整が必要になる場合もあることから、相続税に関する租税条約も結ばれています。ただし、この相続に関する租税条約は、アメリカと結んでいるものしかありません。

次に、租税情報交換協定とは、租税条約に追加される情報交換に関する議定書のことです。これは、国ではない自治領等と結ばれており、台湾（日台租税協定（2015））やタックスヘイブン地域との締結例があります。

最後に、税務行政執行共助条約とは、租税に関する情報交換、徴収共助などの行政支援を定めた多国間での条約のことです。国際的な脱税や租税回避に対応するための、各国での取り組みといえます。

なお、このような租税条約上の規定を適用する場合、租税条約における規定だけでは抽象的な部分もあるため、具体的に適用する場合の法律として、「租税条約等の実施に伴う所得税法、法人税法及び地方税法の特例等に関する法律」、いわゆる租税条約等実施特例法が設けられています。これは、租税条約ではなくあくまで国内法です。

> チェックポイント！

- 国際税務だからといって、はじめから目を背けていませんか。
  ⇒ 海外に出向した日本人との取引も国際税務です。気がつかないうちに避けては通れない分野になっているはずです。
- 租税条約だけを見て、国際取引の課税関係を決めていませんか。
  ⇒ 租税条約は国内法の規定を修正するものですので、まずは、国内法での取扱いを確認し、そのうえでその部分に関する租税条約の規定を確認しないと、的外れな対応になりかねません。
- CRS（共通報告基準）の実施に基づく、否認事例が増えていることを理解していますか？
  ⇒ OECD加盟国の税務当局は、CRSに基づき、非居住者が保有する金融口座情報を、その非居住者の居住地国の税務当局に提供しています。近年は、この情報提供に基づく、国外所得の計上漏れ、資産税の課税漏れなどの否認事例が増えています。

> **Column13**　中小企業者の判定等フロー

　紙面の都合上，本文中に収録しきれませんでしたが，中小企業者の判定フローは，法人税実務で非常に重要です。

　特に，法人税法で規定する中小法人の判定と，租税特別措置法で規定する中小企業者の判定とは，類似しているものの違いがあり，法人税実務でのミスを多発する原因となっています。

　これについて，近年，国税庁からは，各別表に対応した判定表をフローチャート形式で公表してくれています。
「中小企業者の判定等フロー（令和5年10月）」（国税庁）
https://www.nta.go.jp/publication/pamph/hojin/aramashi2023/pdf/03.pdf
（注：本書発刊時点では，まだ令和6年改正後の判定フローは出ていないと思われますので，令和5年10月版のURLを表示しています。）

1　別表一における中小法人の判定
2　別表二及び三㈠における特定同族会社の判定
3　別表七㈠における中小法人等の判定
4　別表十一㈠及び㈠の二における中小企業者等の判定
5　別表十五における中小法人等の判定
6　中小企業向け租税特別措置等の適用を受ける場合の判定
7　中小企業者の判定表
8　適用除外事業者の判定
9　適用除外事業者の判定表

　1から4までは，法人税法に定義されています。
　5から9までは，租税特別措置法に定義されています。
　そして，6に出てくる一覧には，上記以外の中小企業者等判定する別表も出てきます。
　これらを確認する際に，7の判定表は非常に有用です。
　また，所得が比較的大きい法人では，8・9も重要です。
　是非実務で活用していきましょう。

《著者紹介》

濱田 康宏（はまだ やすひろ）
公認会計士・税理士
　　昭和41年広島県福山市生まれ
　　平成5年公認会計士登録，平成6年税理士登録
　　太田昭和監査法人（現・EY新日本有限責任監査法人）を経て，平成6年7月濱田康宏公認会計士事務所開設，平成19年1月濱田会計事務所所長

岡野 訓（おかの さとる）
税理士
　　昭和44年熊本県天草市生まれ
　　平成13年11月　税理士登録
　　隈部会計事務所を経て，平成14年6月岡野会計事務所開設，平成20年11月税理士法人熊和パートナーズ設立，平成27年10月税理士法人さくら優和パートナーズへと商号変更し，代表社員に就任

内藤 忠大（ないとう ただひろ）
税理士
　　昭和45年静岡県湖西市生まれ
　　平成13年10月　税理士登録
　　大原簿記専門学校，神野博史会計事務所を経て，平成16年9月内藤忠大税理士事務所開設

白井 一馬（しらい かずま）
税理士
　　昭和47年大阪府藤井寺市生まれ
　　平成15年6月　税理士登録
　　石川公認会計士事務所（現・税理士法人STM総研），税理士法人ゆびすいを経て，平成22年2月白井税理士事務所開設

村木 慎吾（むらき しんご）
税理士
　　昭和55年大阪府八尾市生まれ
　　平成17年5月　税理士登録
　　税理士法人ゆびすい，税理士法人トーマツ（現・デロイト トーマツ税理士法人）を経て，平成21年9月村木税理士事務所開設

■申告書で確認する税務調査対策
法人税のテッパン50

2014年9月25日　第1版第1刷発行
2024年9月15日　改訂改題第1刷発行
2025年8月1日　改訂改題第5刷発行

著　者	濱　田　康　宏
	岡　野　訓
	内　藤　忠　大
	白　井　一　馬
	村　木　慎　吾
発行者	山　本　継
発行所	㈱中央経済社
発売元	㈱中央経済グループパブリッシング

〒101-0051　東京都千代田区神田神保町1-35
　　　　電　話　03 (3293) 3371 (編集代表)
　　　　　　　　03 (3293) 3381 (営業代表)
　　　　https://www.chuokeizai.co.jp
　　　　印刷／昭和情報プロセス㈱
　　　　製本／誠　製　本㈱

©2024
Printed in Japan

＊頁の「欠落」や「順序違い」などがありましたらお取り替えいたしますので発売元までご送付ください。(送料小社負担)

ISBN978-4-502-51021-2　C3034

JCOPY〈出版者著作権管理機構委託出版物〉本書を無断で複写複製(コピー)することは,著作権法上の例外を除き,禁じられています。本書をコピーされる場合は事前に出版者著作権管理機構(JCOPY)の許諾を受けてください。
JCOPY〈https://www.jcopy.or.jp　eメール：info@jcopy.or.jp〉

●実務・受験に愛用されている読みやすく正確な内容のロングセラー！

定評ある税の法規・通達集シリーズ

所得税法規集
日本税理士会連合会
中央経済社 編

❶所得税法 ❷同施行令・同施行規則・同関係告示 ❸租税特別措置法（抄） ❹同施行令・同施行規則・同関係告示（抄） ❺震災特例法・同施行令・同施行規則（抄） ❻復興財源確保法（抄） ❼復興特別所得税に関する政令・同省令 ❽能登税特法・同施行令 ❾災害減免法・同施行令（抄） ❿新型コロナ税特法・同施行令・同施行規則 ⓫国外送金等調書提出法・同施行令・同施行規則・同関係告示

所得税取扱通達集
日本税理士会連合会
中央経済社 編

❶所得税取扱通達（基本通達・個別通達） ❷租税特別措置法関係通達 ❸国外送金等調書提出法関係通達 ❹災害減免法関係通達 ❺震災特例法関係通達 ❻新型コロナウイルス感染症関係通達 ❼索引

法人税法規集
日本税理士会連合会
中央経済社 編

❶法人税法 ❷同施行令・同施行規則・法人税申告書一覧表 ❸減価償却耐用年数省令 ❹法人税法関係告示 ❺地方法人税法・同施行令・同施行規則 ❻租税特別措置法（抄） ❼同施行令・同施行規則・同関係告示 ❽震災特例法・同施行令・同施行規則（抄） ❾復興財源確保法（抄） ❿復興特別法人税に関する政令・同省令 ⓫新型コロナ税特法・同施行令 ⓬租特透明化法・同施行令・同施行規則

法人税取扱通達集
日本税理士会連合会
中央経済社 編

❶法人税取扱通達（基本通達・個別通達） ❷租税特別措置法関係通達（法人税編） ❸減価償却耐用年数省令 ❹機械装置の細目と個別年数 ❺耐用年数の適用等に関する取扱通達 ❻震災特例法関係通達 ❼復興特別法人税関係通達 ❽索引

相続税法規通達集
日本税理士会連合会
中央経済社 編

❶相続税法 ❷同施行令・同施行規則・同関係告示 ❸土地評価審議会令・同省令 ❹相続税法基本通達 ❺財産評価基本通達 ❻相続税法関係個別通達 ❼租税特別措置法（抄） ❽同施行令・同施行規則（抄）・同関係告示 ❾租税特別措置法（相続税法の特例）関係通達 ❿震災特例法・同施行令・同施行規則（抄）・同関係告示 ⓫震災特例法関係通達 ⓬災害減免法・同施行令（抄） ⓭国外送金等調書提出法・同施行令・同施行規則・同関係通達 ⓮民法

国税通則・徴収法規集
日本税理士会連合会
中央経済社 編

❶国税通則法 ❷同施行令・同施行規則・同関係告示 ❸同関係通達 ❹国外送金等調書提出法・同施行令・同施行規則（抄） ❺租税特別措置法・同施行令・同施行規則（抄） ❻新型コロナ税特法・令 ❼国税徴収法 ❽同施行令・同施行規則・同告示 ❾滞調法・同施行令・同施行規則 ❿税理士法・同施行令・同施行規則・同関係告示 ⓫電子帳簿保存法・同施行令・同施行規則・同関係告示・同関係通達 ⓬デジタル手続法・同国税関係法令に関する省令・同関係告示 ⓭行政手続法 ⓮行政不服審査法・行政事件訴訟法（抄） ⓯組織的犯罪処罰法（抄） ⓰没収保全と滞納処分との調整令 ⓱犯罪収益規則（抄） ⓲麻薬特例法（抄）

消費税法規通達集
日本税理士会連合会
中央経済社 編

❶消費税法 ❷同別表第三等に関する法令 ❸同施行令・同施行規則・同関係告示 ❹消費税法基本通達 ❺消費税申告書様式 ❻消費税等関係取扱通達等 ❼租税特別措置法（抄） ❽同施行令・同施行規則・同関係告示・同関係通達 ❾消費税転嫁対策法・同ガイドライン ❿震災特例法・同施行令・同施行規則・同関係通達 ⓫震災特例法関係通達 ⓬新型コロナ税特法・同施行令・同施行規則・同関係告示・同関係通達 ⓭税制改革法等 ⓮地方税法（抄） ⓯同施行令・同施行規則（抄）・所得税・法人税政省令（抄） ⓰輸徴法令 ⓱関税法令（抄）・同関係告示 ⓲関税定率法令（抄） ⓳国税通則法令・同関係告示 ⓴電子帳簿保存法令

登録免許税・印紙税法規集
日本税理士会連合会
中央経済社 編

❶登録免許税法 ❷同施行令・同施行規則 ❸租税特別措置法・同施行令・同施行規則（抄） ❹震災特例法・同施行令・同施行規則（抄） ❺印紙税法 ❻同施行令・同施行規則 ❼印紙税法基本通達 ❽租税特別措置法・同施行令・同施行規則（抄） ❾印紙税額一覧表 ❿震災特例法・同施行令・同施行規則（抄） ⓫震災特例法関係通達等

中央経済社